주류 창업을 위한

주류면허 길라잡이

주류면허부터 식품제조업 등록까지
한 권으로 끝내기

주류 창업을 위한 **주류면허** 길라잡이
– 주류면허부터 식품제조업 등록까지 한 권으로 끝내기

펴낸날	2020년 07월 30일 1판 1쇄
	2023년 03월 05일 개정판 1쇄

지은이	김우영, 신용출, 남기석, 박노철
펴낸이	정병철
펴낸곳	도서출판 휴먼하우스

등 록	2004년 12월 17일(제313-2004-000289호)
주 소	서울시 마포구 토정로 222 한국출판콘텐츠센터 420호
전 화	02)324-4578
팩 스	02)324-4560
이메일	humanpub@hanmail.net

주류 창업을 위한

주류면허

길라잡이

김우영, 신용출, 남기석, 박노철 지음

개정판

주류면허부터 식품제조업 등록까지
한 권으로 끝내기

휴먼
하우스

최근 주류에 대한 소비자의 요구가 다양해지고 주류 제조와 판매 규제가 완화되면서 주류의 생산방식도 다양하게 발전할 뿐 아니라 시장에 공급되는 주류의 종류도 증가하는 추세입니다. 이에 부응하여 하우스 맥주, 하우스 막걸리, 하우스 와인, 외국 주류 수입판매, 전통주 제조 등의 사업을 준비하시는 분들도 많아지고 있습니다.

주류를 제조·판매하려면 반드시 주류면허를 받아야 합니다. 면허를 받으려면 법령에서 정한 시설기준 등 면허요건을 명확하게 이해하고 제조장이나 판매장을 설치해야 하며, 사업계획서 등 서류를 구비하여 제출하여야 합니다. 주류면허를 취득하기 위한 절차도 까다롭고 마땅하게 참고할 만한 서적도 찾기가 어려워 결국 전문가의 도움이 필요할 때가 많습니다.

이 책은 주류 제조 및 판매 사업을 하시고자 하는 분들이 좀 더 쉽게 주류면허를 받을 수 있도록 도움을 드리기 위해 집필하였습니다.

제1장 주류와 주세법, 제2장 주류판매면허, 제3장 주류제조면허, 제4장 법령위반에 따른 행정처분과 사례로 구성하였고, 주류면허 종류별로 면허취득 요건과 절차, 구비서류와 사업범위를 이해하기 쉽게 서술하려고 노력하였으며, 향후 주류제도 변경에 대비하여 기획재정부와 국세청이 추진하고 있는 주류규제 개선방안의 내용도 이 책에 반영하였습니다.

현재 15종의 주류면허 중에서 본인이 취득해야 할 주류면허의 종류는 무엇인지, 사전에 구비해야 하는 시설이나 서류 요건은 무엇인지, 사업의 범위는 어떻게 되는지, 주의해야 할 사항은 무엇인지를 주류면허 종류별로 기술하였습니다.

우리 공동 저자는 오랜 기간 입법기관인 국회에서 주세법 주무부처인 기획재정부와 국세청을 소관으로 하는 기획재정위원회 업무를 해왔으며, 현업 행정사로서 다양한 주류면허업무를 수행하면서 이 분야의 전문성을 쌓아왔습니다.

이미 주류면허를 취득하고 사업에 종사하시는 분들에게도 유용한 참고가 될 것이며, 특히 아래와 같이 주류 제조 및 판매 사업을 준비하시는 분들이 이 책을 활용한다면 주류면허 취득에 많은 도움이 될 것이라고 생각합니다.

- 외국에서 술을 수입하여 도매로 판매하는 사업을 시작하려는 분
- 전통주나 특정주류를 도매로 판매하는 사업장을 창업하려는 분
- '하우스 맥주', '하우스 막걸리', '하우스 와인' 양조장을 창업하려는 분
- 전통주 제조 양조장을 창업하려는 분
- 전통주 제조장에서 통신판매업을 하려는 분
- 종합주류도매업을 시작하려는 분
- 주류를 전문으로 판매하는 소매업을 창업하려는 분
- 음식점에서 술을 판매하려는 분

그리고 주류의 제조 · 유통과정 관리와 주류산업의 건전한 발전에 애쓰시는 관계자분들에게 감사드리며, 특히 이 책을 살펴봐 주신 국세청 주세법 담당 공무원께 깊은 감사의 말씀을 드립니다.

모쪼록 이 책이 주류사업을 하고 있거나 주류면허를 취득하려는 모든 분들에게 많은 도움이 되길 바라며, 도전하시는 모든 분들께 건강과 건승을 기원합니다.

공동 저자 일동

이 책이 처음 세상에 나온 해인 2020년도부터 최근까지 전 세계적으로 코로나 바이러스(COVID 19)가 확산되면서 생활 패턴에 큰 변화가 생겼습니다. 회사의 회식 문화가 사라지고, 수출·수입이 어려워지고, 재택 근무가 늘어나고, 온라인 유통 매출이 대폭 증가하였습니다.

이를 계기로 주류시장에도 큰 변화가 왔습니다. 2030세대를 중심으로 혼술 문화가 확산되었고, 국내산 주류에 대한 관심이 늘어나면서 술을 빚는 주류 제조장 사업에 청년 창업가들이 뛰어들기 시작하였습니다.

사회 문화적 변화에 맞춰 주류 업계도 새로운 시장에 뛰어들기 위해 동분서주하고 있습니다.

스마트 오더와 주류 통신판매에 대한 관심이 높아졌고, 특히 온라인 주문이 가능한 전통주에 대한 관심이 늘어났습니다.

이러한 변화는 주류 관련 법령의 개정으로 가능해졌고, 그 개정 내용을 반영하기 위해 개정판을 내게 되었습니다. 「주세법」, 「식품위생법」, 「주류면허에 관한 법률」, 그 외 관련 시행령, 시행규칙, 고시, 훈령 등 변경된 규정을 반영하기 위해 노력하였습니다.

이 책이 앞으로도 창업을 위해 주류면허를 취득하려는 분들과 주류 업계에 종사하시는 분들에게 많은 도움이 되길 기대합니다.

공동 저자 일동

차례

3장) 주류제조면허   79

부록 _ 주류면허 각종 서식 · 227

1장

주류와 **주세법**

01

주세법의 행정체계

 ① 우리나라 주류행정체계의
역사는 어떻게 되나요?

대한제국 시절인 1894년(고종31년)에 설치된 탁지아문을 시작으로 이듬해인 1895년에 탁지부(현, 기획재정부)로 개편하면서 사세국(현, 국세청)을 두고 술에 관한 업무를 담당해왔습니다.

1909년 2월 우리나라 최초의 간접세인 '주세법'을 제정하면서 이때부터 주류에 대한 면허제를 도입했다고 볼 수 있으며, 가정에서 소량으로 빚던 가양주도 면허를 받도록 규제하기 시작했습니다.

1934년 가정용 제조면허 제도를 폐지함에 따라 우리술 문화는 가양주 중심에서 상업적인 양조문화로 바뀌게 되었고, 1949년 10월에 '주세법'이 새롭게 재정되었습니다.

1966년에 국세청이 개청되면서 '술'과 관련된 행정업무인 1) 주세의 부과 및 징수 2) 주류의 제조 및 판매 면허관리 3) 주류의 유통관리 4) 주류의 안전관리 5) 전통주(우리술) 진흥업무를 모두 담당했습니다.

그러다 2010년부터 일부 업무가 나눠지면서 현재는 국세청, 식품의약품안전처, 농림축산식품부가 각각 나눠서 담당하게 된 것입니다.

1949년에 제정된 〈주세법〉은 주류에 주세를 부과하고 주류의 제조·판매 면허제도 등을 운영함으로써 국가재정 운영에 필요한 세수의 안정적인 확보뿐만 아니라 과도한 음주 억제를 통해 국민보건 향상에도 기여해온 바 있습니다.

그러나 당시 〈주세법〉은 세율, 과세표준, 부과·징수 등 주세 부과 규정과 주류 제조·판매 면허 등 주류 행정 관련 규정을 〈주세법〉이라는 단일법 체계 내에서 모두 포괄하는 등 주세 부과 규정과 주류 행정 관련 규정이 혼재되어 납세자를 포함한 국민이 법률을 이해하는데 어려운 점이 있었습니다.

이에 주류 행정 관련 규정을 분리하여 별도 법률인 〈주류 면허 등에 관한 법률〉을 제정하여 관리하고, 〈주세법〉에서는 주세의 부과와 관련된 사항만 규정하고 일관된 법체계를 유지하도록 개선하였습니다.

② 주류행정체계는 어떻게 구성되어 있나요?

우리나라 주류행정은 국세청에서 〈주세법〉에 근거하여 전담하고 있습니다. 역사적으로 주류행정 전반에 대한 것은 세원관리 측면에서 시작되었으며 국세청이 주류행정을 독점적으로 담당해왔으나 2010년부터 일부 업무가 다른 부처로 분리되기 시작했습니다.

2010년에 주류 안전관리의 전문화 및 주류산업의 경쟁력 확보를 위해 식품의약품안전처에서 주류안전관리업무를 맡게 되었고, 농림축산식품부에서 주류산업 진흥업무를 관장하게 된 것입니다.

현재 국세청은 주류행정업무로서 면허관리, 제조관리, 판매관리, 세원관리, 납세증명표시 관리, 주류 검정·검사 등의 업무를 담당하며, 식품의약품안전처는 영업 등록한 주류 제조·가공업의 업무를 담당하고 있습니다.

주류 검정·검사 및 전통주 업무의 구분

	국세청	식품의약품안전처	농림축산식품부
제조장 점검	**제조장 및 도매장 순환점검** - 제조방법 및 규격 적합 여부 등에 대한 순환	**제조장 위생점검** - 부패·변질 등 부적절한 원료사용 등에 대한 주질분석 - 양조용수 수질검사 - 첨가물료 기준 및 성분에 관한 규격 정정 여부 검토 - 시설물에 대한 위생관리, 종사원 개인 위생 등	
최초 출고 전 주류분석	- 주종분류를 위한 원료사용량·첨가물료·제조방법 등 검토 - 승인한 제조방법에 따라 제조 여부 확인을 위한 분석 - 수입주류에 대한 주세부과·징수를 위한 주종분류 분석 등		

	국세청	식품의약품안전처	농림축산식품부
출고 후 주류분석	– 신고한 제조방법에 따라 제조 여부 확인을 위한 주류 품질 검사 – 주세법령상 주류 규격·기준 적정 여부 검사 – 무면허주류제조(가짜 양주) 주류 분석·감정 – 영세주류제조자 양조 기술 지도를 위한 분석 등 – 납품 및 수출용 주류 분석감정서 발급	– 유통주류 유해물질 분석 및 유해주류 수거·폐기 – 수입주류 주질분석 등 안전관리 – 첨가물 기준관리 및 불법첨가물료 사용 적발 – 주류이물보고 및 이물조사·관리 – 주류유통기한·품질유지기한 기준 설정 및 관리 – 주류안전관리기준 설정을 위한 검사·분석·평가 – 수출주류에 대한 위생증명 발급 등	
전통주 산업 육성			**전통주 산업진흥 기반조성** – 주류산업실태조사 – 양조전문가 및 가양주 제조 인력 양성 **전통주 품질경쟁력 강화** – 전통주 품질개선 및 경영 컨설팅 지원 – 양조용 발효제 개발 및 실용화 지원 – 대한민국 우리술 품평회 개최 및 수상제품 홍보지원 **전통주 유통·소비 활성화** – 전통주 갤러리 통해 교육·홍보·컨설팅 실시 – 막걸리 페스티벌, 우리술 대축제, 전통주 포털 운영 – 찾아가는 양조장 선정 및 6차 산업 거점화

3 주세법에서 정의하는 주류란 무엇인가요?

주세법(주세법 제2조)에서 정의하는 술(주류)이란 크게 ① 주정과 ② 알코올분 1도 이상의 음료를 말합니다. 여기서 주정은 희석하여 음료로 마실 수 있는 에틸알코올을 말하며, 불순물이 포함되어 있어서 직접 음료로 마실 수는 없지만 정제하면 음료로 할 수 있는 조주정(粗酒精)도 주류에 속합니다. 또 알코올분 1도 이상의 음료에는 용해하여 음료로 먹을 수 있는 가루상태인 것도 주류에 포함됩니다.

또 2020년 1월 1일부터 주류범위를 확대하여 일정한 요건을 충족하는 주류제조키트를 주류로 인정하도록 근거조항을 마련했습니다. 제조원료가 용기에 담긴 상태로 제조장에서 출고된 후 추가적인 원료 주입 없이 용기 내에서 발효되어 최종적으로 알코올분 1도 이상의 음료가 되는 것도 이 법에서 말하는 주류로 인정하게 된 것입니다.

단, 「약사법」에 따른 의약품으로서 알코올분이 6도 미만인 것은 제외합니다. 희석하여도 음료로 할 수 없는 것, 주세법 별표 제4호 다목에 해당하는 주류 중 불휘발분 30도 이상인 것으로서 다른 식품의 조리과정에 첨가하여 풍미를 증진시키는 용도로 사용하기 위하여 제조된 식품도 제외되었습니다.

 여기서 잠깐!

주류에서 제외되는 것

- 「약사법」에서 의약품으로서 알코올분 6도 미만인 것
- 희석하여도 음료로 할 수 없는 것
- 주세법 별표 제4호 다목에 해당하는 주류 중 불휘발성 30도 이상인 것으로서 다른 식품의 조리과정에 첨가하여 풍미를 증진시키는 용도로 사용하기 위하여 제조된 식품

02

주세의 종류와
면허의 조건

1 주류의 종류는
어떻게 구분하나요?

주류의 종류에는 ① 주정 ② 발효주류(탁주, 약주, 청주, 맥주, 과실주) ③ 증류주류(소주, 위스키, 브랜디, 일반증류주, 리큐르) ④ 기타주류가 있습니다.

또한 주세법에서는 원료의 사용량, 첨가재료의 종류 및 비율, 알코올분 및 불휘발분의 함량, 나무통에 저장하는 기간, 여과방법을 규정하고 있습니다.

주류의 종류(12종)	○ 주정 ○ (발효주류) 탁주, 약주, 청주, 과실주, 맥주 ○ (증류주류) 소주, 위스키, 브랜디, 일반증류주, 리큐르 ○ 기타주류

주정

주정이란 녹말 또는 당분이 포함된 재료를 발효시켜 알코올분 85도 이상으로 증류한 것이나 알코올분이 포함된 재료를 알코올분 85도 이상으로 증류한 것을 말합니다.

시행령 제1조에서는 주세법 제5조 및 법 별표에 따라 주정의 알코올분은 95도 이상으로 하고, 곡물주정은 곡물을 원료로 한 주정으로서 알코올분 85도 이상 90도 이하인 것으로 규정하고 있습니다.

발효주류에는 탁주, 약주, 청주, 맥주, 과실주가 있는데, 이는 재료의 종류 및 술덧의 여과 여부에 따라 구분하고 있습니다.

발효주류(탁주)

우리가 흔히 '막걸리'라고 부르는 것을 주세법에서는 탁주라고 합니다. 이 탁주는 녹말이 포함된 재료(발효시킨 곡류는 제외)와 국(麴 : 종국 또는 누룩, 입국, 조효소제 및 정제효소제)과 물을 원료로 하거나 이 원료에 당분을 첨가하여 발효시킨 술덧을 여과하지 않고 혼탁하게 제성해놓은 것을 말합니다. 이 주류의 원료에 과실·채소류를 첨가하여 발효시키기도 합니다.

발효주류(약주)

약주는 쉽게 표현하면 탁주를 한 번 걸러낸 것을 말합니다. 녹말이 포함된 재료(발아시킨 곡류는 제외)와 국(麴) 및 물을 원료로 하여 발효시킨 술덧을 여과하여 제성한 것입니다. 이 원료에 당분을 첨가하거나 과실·채소류를 첨가하여 발효시킨 술덧을 여과하여 제성하기도 합니다.

약주의 알코올분 도수는 25도 이내로 합니다.

발효주류(청주)

탁주와 약주는 녹말이 포함된 재료를 사용한다면, 청주는 곡류 중에서도 쌀이나 찹쌀에 국(麴) 및 물을 원료로 하여 발효시킨 술덧을 여과하여 제성한 것 또는 그 발효·제성과정에서 대통령령으로 정하는 재료를 첨가할 수 있습니다.

청주의 알코올분 도수도 25도 이내로 합니다.

발효주류(맥주)

우리가 흔히 마시는 맥주는 발아된 맥류(麥類), 홉(홉 성분을 추출한 것도 포함)에 물을 넣고 발효시켜 제성하거나 여과하여 제성합니다.

발아된 맥류와 홉에 녹말이 포함된 재료, 당분, 캐러멜, 그 밖에 대통령령으로 허용한 재료와 함께 물을 넣고 발효시키기도 합니다.

또 인공적으로 탄산가스를 넣어 제성하기도 하는데 알코올분 도수가 대통령령으로 정하는 범위 내에 있어야 합니다. 맥주는 나무통에 넣어 저장하는 것도 허용하고 있습니다.

발효주류(과실주)

과실·과실즙·건조시킨 과실 또는 과실과 물을 원료로 하여 발효시킨 술덧을 여과하여 제성하거나 나무통에 넣어 저장한 것을 말합니다. 과실을 주된 원료로 하여 당분과 물을 혼합하여 발효하기도 하고 인공적으로 탄산가스를 넣어 제성 하기도 합니다.

증류주류(소주)

소주는 불휘발분이 2도 미만인 증류주로서, 증류식 소주란 녹말이 포함된 재료, 국(麴)과 물을 원료로 하여 발효시켜 연속식증류 외의 방법으로 증류한 술을 말합니다.

다만, 발아시킨 곡류(대통령령으로 정하는 것은 제외)를 원료의 전부 또는 일부로 한 것, 곡류에 물을 뿌려 섞어 밀봉·발효시켜 증류한 것 또는 자작나무숯(다른 재료를 혼합한 숯을 포함)으로 여과한 것은 제외됩니다.

주정이나 곡물주정을 혼합할 수도 있고, 나무통에 넣어 저장할 수 있으며, 주정과 곡물주정을 혼합한 것을 물로 희석한 것도 포함합니다.

희석식 소주란 주정 또는 곡물주정을 물로 희석한 것, 주정과 곡물주정을 혼합한 것을 물로 희석한 것, 재료를 첨가한 것, 나무통에 넣어 저장한 것을 말합니다.

증류주류(위스키)

위스키는 불휘발분이 2도 미만인 증류주로서, 발아된 곡류와 물을 원료로 하여 발효시킨 술덧을 증류해서 나무통에 넣어 저장한 것 또는 발아된 곡류와 물로 곡류를 발효시킨 술덧을 증류하여 나무통에 넣어 저장한 것, 이 둘을 혼합하여 나무통에 넣어 저장한 것 모두 포함됩니다.

증류주류(브랜디)

브랜디는 불휘발분이 2도 미만인 증류주로서, 과실주나 과실주지게미를 증류하여 나무통에 넣어 저장한 것, 다른 재료를 혼합하거나 첨가한 술을 말합니다.

증류주류(일반증류주)

불휘발분 2도 미만인 증류주로서, 수수 또는 옥수수 그 밖에 녹말이 포함된 재료와 국(麴)을 원료(고량주지게미를 첨가하는 경우를 포함)로 하여 물을 뿌려 섞은 것을 밀봉하여 발효시켜 증류한 것, 사탕수수, 사탕무, 설탕(원당 포함) 또는 당밀 중 하나 이상의 재료를 주된 원료로 하여 물과 함께 발효시킨 술덧을 증류한 것, 술덧이나 그 밖에 알코올분이 포함된 재료를 증류한 주류에 노간주나무열매 및 식물을 첨가하여 증류한 것, 주정이나 그 밖에 알코올분이 포함된 재료를 증류한 주류를 자작나무숯으로 여과하여 무색·투명하게 제성한 것 등을 말합니다.

증류주류(리큐르)

증류주류인 소주, 위스키, 브랜디, 일반증류주로서 불휘발분이 2도 이상인 것을 말합니다.

기타주류

용해하여 알코올분 1도 이상의 음료로 할 수 있는 가루상태인 것, 발효에 의하여 제성한 주류로서 탁주, 약주, 청주, 맥주, 과실주 외의 것, 쌀 및 입국(粒麴)에 주정을 첨가해서 여과한 것이나 기타 재료를 첨가하여 여과한 것, 여러 종류의 주류를 섞은 것으로서 관련 규정에 포함되지 않은 주류의 것으로 말합니다.

 주류를 제조할 때 주류에 혼합하거나 첨가할 수 있는 재료의 종류와 비율은 어떻게 되나요?

주류 제조에 사용되는 원료 사용량과 첨가재료의 종류 및 비율은 주세법 제5조제2항의 규정에 따라 별표(주류의 종류별 세부내용)에서 명시하고 있고, 주세법 시행령 제3조(주류의 규격 등)제1항과 별표1(주류에 혼합하거나 첨가할 수 있는 주류 또는 재료), 주세법 시행령 제3조(주류의 규격 등)제3항과 별표3(주류를 제조할 때의 주류 제조 원료의 사용량 및 여과방법 등)에 자세하게 명시하고 있습니다.(이 책에서는 구체적 내용은 생략합니다. 아래 사이트를 검색하시면 자세한 내용을 보실 수 있습니다.)

---

1. 주류의 종류별 세부내용 : 주세법 제5조제2항 별표
2. 주류에 혼합하거나 첨가할 수 있는 주류 또는 재료 : 주세법 시행령 제3조제1항과 별표1
3. 주류를 제조할 때의 주류 제조 원료의 사용량 및 여과방법 등 : 주세법 시행령 제3조제3항과 별표3

국가법령정보센터(www.law.go.kr)

주세법 시행령 제3조에는 주류의 종류별로 한합 또는 첨가할 수 있는 주류 또는 재료를 명시하고, 첨가재료 중 당분, 산분, 조미료, 향료, 색소의 종류에 대해 세부규정을 두고 있습니다. 또 탄산가스, 식품위생법상 허용하는 식품첨가물 중 주된 용도가 보존료로 사용되는 것과 효모성장에 필요한 영양성분으로 사용되는 것을 허용하고 있습니다.

주세법 시행령 제3조제3항 별표3에서는 주류 원료의 사용량과 여과방법에 대해 명시하고 있는데, 그 내용을 보면 일부 위스키와 브랜디에 대해서는 1년 이상 나무통에 넣어 저장하도록 하고 있습니다.

약주를 제조할 때 여과방법으로서 「식품위생법」제14조에 따른 식품·첨가물 공전상 "미탁" 이하[유럽 주류규정단위(E.B.C단위) 18 이하]로 여과해야 합니다. 단, 전통문화계승을 위해 국가 또는 시·도무형문화재 보유자가 제조한 술이나 주류 부문의 대한민국식품명인이 제조한 술은 예외[유럽 주류규정단위(E.B.C단위) 50 이하로 여과 가능]로 두고 있습니다.

 여기서 잠깐!

주류첨가재료 확대

「주세법 시행령」 제2조 규정에 따르면 해외에서 질소가스가 함유된 맥주 제조가 확대되고 있으나, 현재 질소가스는 맥주의 첨가재료에서 제외되어 있습니다.

(개선)

「식품위생법」상 질소, 산소, 탄산가스는 주류에 사용 가능한 충전제로 분류하고 있으므로 주세법에서도 질소가스 첨가를 허용하여 소비자들의 주류 선택권을 확대하였습니다.

(주세법 시행령 2021. 2. 17. 개정)

주류의 제조 및 판매면허를 받으려면 충족해야 할 기준이 있나요?

주류 면허 등에 관한 법률 제7조(면허등의 제한)에서는 면허의 제한조건을 명시하고 있습니다. 관할 세무서는 주류제조나 판매면허 신청서류를 접수하게 되면 대표자나 법인의 임원 또는 사업장이 아래의 사항에 해당되는지 여부를 조회하게 됩니다.

주류 제조 및 판매면허의 제한 조건(주류 면허 등에 관한 법률 제7조)

① 면허 신청인이 주세관련 면허가 취소된 후 2년이 지나지 않은 경우
② 면허 신청인 또는 주세법상 전환법인의 신고인이 미성년자, 피한정후견인 또는 피성년후견인인 경우로서 그 법정대리인이 제1호 또는 제7호부터 제10호까지의 어느 하나에 해당하는 경우
③ 면허 신청법인 또는 전환법인의 경우 그 임원 중에 제1호 또는 제7호부터 제10호까지의 어느 하나에 해당하는 사람이 있는 경우
④ 면허 신청인 또는 전환법인 신고인이 제1호 또는 제7호부터 제10호까지의 어느 하나에 해당하는 사람을 제조장 또는 판매장의 지배인으로 하려는 경우
⑤ 면허 신청인 또는 전환법인 신고인이 국내에 주소 또는 거소를 두지 아니한 경우 그 대리인 또는 지배인이 제1호 또는 제7호부터 제10호까지의 어느 하나에 해당하는 경우
⑥ 면허 신청인 또는 전환법인 신고인이 신청 또는 신고 당시 국세 또는 지방세를 체납한 경우
⑦ 면허 신청인이 국세 또는 지방세를 50만 원 이상 포탈하여 처벌 또는 처분을 받은 후 5년이 지나지 아니한 경우
⑧ 면허 신청인이 「조세범 처벌법」 제10조제3항 또는 제4항에 따라 처벌을 받은 후 5년이 지나지 아니한 경우
⑨ 면허 신청인이 금고 이상의 실형을 선고받고 그 집행이 끝나거나(집행이 끝난 것으로 보는 경우를 포함) 집행이 면제된 날부터 5년이 지나지 아니한 경우
⑩ 면허 신청인이 금고 이상의 형의 집행유예를 선고받고 그 유예기간 중에 있는 경우
⑪ 국세청장이 세수 보전, 주류의 유통·판매 관리 등에 부적당하다고 인정하여 지정·고시하는 장소에 면허 신청인이 정당한 이유 없이 판매장을 설치하려는 경우
⑫ 면허 신청인이 파산선고를 받고 복권되지 아니한 경우
⑬ 국세청장이 인구, 주류 소비량 및 판매장의 수 등을 고려하여 주류의 수급 균형을 현저히 해칠 우려가 있다고 인정하여 지정·고시한 지역에 면허 신청인이 판매장을 설치하려는 경우

위 13가지 조건에 해당하지 않아야 합니다.

⑪과 같이 국세청장에 위임한 사항이란 '주류 판매면허 제한장소에 관한 지정 고시' 제2조(주류판매면허 제한장소)에서 아래와 같이 명시하고 있습니다.

주류 판매면허 제한장소에 관한 지정 고시(제2조)

1. 무면허 주류도매 행위로 「조세범 처벌법」 제6조의 규정에 따라 처벌받은 자의 사업장으로 처벌 후 2년이 경과되지 않은 장소
2. 주류제조장 또는 판매장과 같은 장소. 다만, 주류수출업을 하려는 경우와 같은 시·군내에 소재하는 2 이상의 주류 도매업자(중개 및 수입업자 포함)가 공동 보관·배송을 위하여 같은 장소에서 주류판매업을 하고자 할 경우 5년 이상 주류도매업을 영위하고 3년 이내에 무자료 주류 거래 및 국세 체납 사실이 없는 자로서 관할 지방 국세청장의 승인을 받은 경우에는 예외로 하며, 이 경우 사업자별로 구분 경리하여야 한다.
3. 다른 법령에서 면허를 제한하는 장소이거나 주류 판매업 외의 용도로 사용되는 시설과 분리 또는 구획되어 있지 않는 등 세무서장이 면허하기 곤란하다고 판단되는 장소

2장

주류판매면허

주류**판매면허**의
종류와 **취득** 절차

1 주류판매업 면허의 종류, 사업범위와 조건은 무엇인가요?

주류제조자직매장 면허, 종합주류도매업 면허, 특정주류도매업 면허, 주정도매업면허, 수출입업면허(가)·(나), 주류중개업면허(가)·(나), 유흥음식업면허, 관광지정업면허, 공업용주정소매업면허, 발효주정소매업면허, 의제소매업면허, 전문소매업면허, 기타소매업면허 총 15종의 면허가 있습니다.

판매업면허의 사업범위 및 조건의 지정

구분	사업범위	판매할 주류의 종류	지정조건	비고
1. 주류제조자 직매장면허	판매할 주류의 종류만을 판매하여야 한다.	자기의 제조장에서 생산한 주류(국세청장의 승인을 받은 전통주 포함)	다음 각 호의 어느 하나에 해당하는 때에는 면허를 취소한다. 1. 사업범위를 위반한 때 2. 무면허 판매업자에게 주류를 판매(중개)한 때 3. 판매정지 기간 중 사전승인 없이 주류를 판매(중개)한 때 4. 무자료 주류판매(중개) 또는 위장거래로 「조세범 처벌법」에 따라 처벌 또는 처분을 받은 때로부터 1년 이내에 같은 유형의 새로운 범칙행위로 또다시 같은 처벌 또는 처분을 받은 때 5. 지입차량을 면허자 소유차량으로 등록하거나 지입차량 기사를 면허자 소속사원으로 위장한 사실이 있는 때	1. 판매업자인 경우에는 판매, 중개업자인 경우에는 중개라고 기재한다.
2. 종합주류 도매업면허	판매할 주류의 종류만을 도매하여야 한다.	일반탁주와 주정을 제외한 전 주류 (수입주류 포함)		
3. 특정주류 도매업면허	판매할 주류의 종류만을 주류제조자 및 특정주류도매업자(민속주, 지역특산주에 한함)로부터 구입하여 도매하여야 한다.	탁주, 약주, 청주, 민속주, 지역특산주, 소규모주류제조자가 제조한 맥주, 「주세법 시행령」 제4조제2호에 따라 주류 수량을 산정하는 중소기업이 제조한 맥주, 탁주의 발효·제성 과정에 「주세법 시행령」 별표1 제2호가목1)의 첨가재료 외의 다른 재료를 첨가한 기타주류		
4. 주정도매업 면허	주정만을 구입·판매하여야 한다.	주정		
5. 수출입업 면허(가)	주류를 수출만 하여야 한다.	모든 주류		

구분	사업범위	판매할 주류의 종류	지정조건	비고
6. 수출입업 면허(나)	주류수입업자는 외국으로부터 주류를 직접 수입하여 판매하여야 한다. 다만, 의제주류판매업과 국내주류중개업을 겸업하는 것은 금지하고 유흥음식업자에게는 주류만을 판매하여야 한다.	외국산 주류	6. 「유통산업발전법」에 근거하여 주류 중개업 면허를 받은 자가 3개월 이상 주류만을 공급하였거나 인수합병·경영 부실, 소재지 변경(「지방자치법」 제2조제1항제1호에 따른 관할구역을 벗어난 경우) 등 경영환경이 급변하여 재평가 사유가 발생하였으나 평가를 받지 않았을 때 또는 재평가 결과 "미흡" 등급을 받았을 때 〈주류 중개업 면허(나)〉	
7. 주류중개업 면허(가)	수입(또는 수출, 주한 국제연합군군납)주류만을 중개하여야 한다.	수입 또는 수출하는 주류		
8. 주류중개업 면허(나)	판매할 주류의 종류만을 소속 직영점 및 가맹점에만 중개하여야 한다.	일반탁주와 주정을 제외한 전 주류(수입주류 포함)		
9. 유흥음식업 면허	판매할 주류의 종류만을 면허장소에서 소매하여야 한다.	주정 이외의 주류	1. 사업범위를 위반하면 면허를 취소한다. 2. 타 법령에 따라 허가, 등록이 취소되면 이 면허도 취소된다.	
10. 관광지정업 면허	판매할 주류의 종류만을 면허장소에서 소매하여야 한다.	주정 이외의 주류		
11. 공업용주정 소매업면허	실수요자에게만 공업용 주정을 판매하여야 한다.	공업용 주정		
12. 발효주정 소매업면허	실수요자에게만 발효 주정을 판매하여야 한다.	발효 주정		
13. 의제소매업 면허	판매할 주류의 종류만을 면허장소에서 소매하여야 한다.	주정 이외의 주류		− 식잡, 일잡, 슈퍼·연쇄점 가맹점

구분	사업범위	판매할 주류의 종류	지정조건	비고
14. 전문소매업 면허	판매할 주류의 종류만을 면허장소에서 소매하여야 한다.	주정 이외의 주류	1. 사업범위를 위반하면 면허를 취소한다.	주류판매를 주업으로 소매업을 하는 자
15. 기타소매업 면허	판매할 주류의 종류만을 세무서장이 승인한 판매장소에서 세무서장이 승인한 면허기간 동안 소매하여야 한다.	주정 이외의 주류	다음에 해당하는 때에는 면허를 취소한다. 1. 사업범위를 위반한 때 2. 타 법령에서 주류 판매를 제한하는 때	주류 판매장소는 세무서장이 면허 신청 목적 등을 고려하여 체육시설, 축제장 등 한정된 공간 전역으로 승인할 수 있으며, 면허기간은 세무서장이 면허 신청 목적 등을 고려하여 필요한 기간 동안 승인할 수 있다.

 2 **주류판매업 면허를 받기 위한 일반적인 요건은 무엇인가요?**

주류판매업 면허를 받으려면 판매업 종류별로 자본금, 창고면적, 시설기준, 면허신청인의 자격 요건 등을 갖춰야 합니다.

관할 세무서에서는 면허신청인이 개인일 때는 대표자, 법인일 때는 등기임원(감사 포함) 전원에 대해 지방자치단체·신용정보기관 등 관련 기관에 신원조회, 신용불량 정보조회, 지방세 체납 사실 조회, 병역법에 따른 병역의무 위반 여부 등 면허 제한 사유를 확인합니다.

이러한 절차를 거쳐야 하므로 주류 관련 면허 처리기한이 최소 40일 이상 소요됩니다.

③ 주류판매업 면허 발급의 진행 순서는 어떻게 되나요?

　주류판매업에 관한 서류를 모두 준비하여 관할 세무서 부가가치세과 주류담당조사관에서 서류 사전검토를 받습니다. 보완할 서류가 없으면 제출 후 처리기한은 통상 40일 정도 소요됩니다. 다른 인·허가 업무에 비해 긴 시간이 걸리는 이유는 대표자 및 임원의 범죄사실 조회, 체납사실 조회 등 관련기관 조회를 요청하고 회신이 도달하는 데 시간이 소요되기 때문입니다.

[주류판매업 면허 업무(도매)]

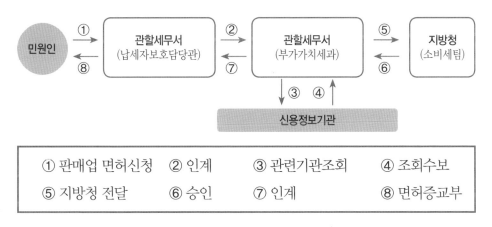

① 판매업 면허신청	② 인계	③ 관련기관조회	④ 조회수보
⑤ 지방청 전달	⑥ 승인	⑦ 인계	⑧ 면허증교부

 여기서 잠깐!

주류판매면허 현황

1) 주류판매면허 통계

	도매업면허	소매업면허	국내중개업	수출입중개업	직매장	하치장	총계
2020년	4,323	753,705	241	64	187	521	759,041

2) 주류 도매업 면허 통계

	종합주류도매	특정주류도매	수입주류 전문도매	수출입업	주정	총계
2020년	1,121	1,649	92	1,460	1	4,323

3) 주류 소매업 면허 통계

	일반소매업	유흥음식점	전문소매업	관광지정업	총계
2020년	130,992	621,601	1,102	10	753,705

참고 자료 : 2020년 12월 31일 기준, 국세통계연보, 주류판매면허 종류별·지역별 현황
(www.data.go.kr)

종합주류도매업 면허

1 종합주류도매업 면허를 받으려면
무엇을 준비해야 하나요?

종합주류도매업은 국세청장이 인구, 주류 소비량 및 판매장의 수 등을 고려하여 지정·고시한 지역에 면허를 접수받고, 국세청장이 필요하다고 인정하는 해 6월 말에 지방국세청 홈페이지를 통해 공고하고 8월에 신청 접수를 받습니다. 면허신청자가 시·군별로 신규면허 허용업체 수를 초과하는 경우 면허요건 적격자 중 공개추첨 방식으로 그 대상자를 확정합니다(10월 중순경 추첨).

법인의 경우 자본금(출자금) 5천만 원 이상 또는 개인의 경우 자산평가액이 이 금액 이상이어야 하고, 주류를 보관하는 장소인 창고의 면적은 66m² 이상을 갖추고 있는 사업장이 필요합니다.

법인 설립등기 전에 신청하는 경우 면허요건인 자본금을 확인할 수 있는 금융기관의 납입증명서류(법인 설립 전에는 대표자 명의, 법인 설립 후에는 법인 명의의 잔액증명서)만으로도 신청이 가능합니다. 단 자본금을 공개추첨일까지 중도인출 또는 담보제공을 하지 않고 유지해야 합니다.

면허요건의 규정에 따라 추첨대상자로 선정되면 창고로 사용하려는 건물의 벽, 문 등 주류를 보관하는 창고로서 기능하기 위하여 필요한 외형을 갖추고, 종합주류도매업만을 전업해야 하며, 법인의 경우 해당 임원이 다른 주류제조업체 및 주류판매업체(의제주류판매업자 포함)의 대표자 또는 임원직을 맡고 있다면 그 직을 사임해야 합니다.

[사례 : 2019년 중부지방국세청 홈페이지의 종합주류도매업 면허 공고문]

국세청공고 제2019 - 51호

제 목 : 2019년 신규 종합주류도매업면허 허용업체 수 등 공고

「주세법」 제10조 제13호 및 주류판매면허 제한지역에 관한 지정고시에 의하여 2019년 종합주류도매업면허 허용지역, 업체수 및 면허교부 대상자 선정방법 등을 아래와 같이 공고합니다.

2019. 6. 28.

국세청장

- 아 래 -

1. 2019년 시·군별 신규면허 허용지역 및 업체수

청 별	합계	시·군별 신규면허 허용지역 및 업체수		
		허용지역	업체수	관할세무서
합계	2			
중부지방국세청	2	화성시	1	화성,동수원
		오산시	1	동수원

요건	종합주류도매업 면허
자본금 (개인의 경우 자산평가액)	5천만 원 이상
창고면적	66m² 이상
기타	가. 종합주류도매업만을 전업할 것 나. 면허신청인(법인인 경우에는 그 임원을 포함한다. 이하 같다)의 자격요건 　1) 미성년자가 아닐 것. 다만, 그 법정대리인이 법 제10조제1호 또는 제7호 　　부터 제10호까지의 규정에 해당하지 아니하는 때에는 그러하지 아니하다. 　2) 다른 주류제조업체 및 주류판매업체의 대표자 또는 임원이 아닐 것 　3) 「조세범 처벌법」 제6조 및 제12조에 따라 처벌받은 경우에는 5년이 경과 　　되었을 것 　4) 「신용정보의 이용 및 보호에 관한 법률」 제25조제2항에 따른 종합신용 　　정보집중기관이 취급하는 신용불량정보상에 부도, 대출금 연체 등의 사 　　유로 인하여 신규여신의 취급을 중단 받은 경우에는 그 중단사유가 해 　　제되었을 것 　5) 삭제 〈2017. 2. 7.〉
사업장	건물등기부등본 또는 임대차계약서(사용승낙서) 건축물대장(판매장 및 주류 창고의 건축법 등 위반사항 없는지 검토) 토지이용계획확인원
법인의 경우	정관 주주총회 회의록 ·(대표자 및 임원 전체) 주민등록초본(병역기록 기재), 등록기준지 법인등기사항증명서 자본금 납입 증명서류
	주류판매업 면허신청서(서식 부록 2) 사업계획서 수입인지 제1종국민주택채권 매입 영수증(발급시)

② 종합주류도매업자의 면허 사업범위는 어떻게 되나요?

종합주류도매업자가 되면 주류제조자(제조자의 직매장을 포함) 또는 주류수입업자로부터 주류를 직접 구입하여 소매업자, 의제주류판매업자에게 판매할 수 있게 됩니다.

종합주류도매업자는 일반탁주와 주정은 판매할 수 없으며, 용도구분 표시가된 주류는 용도별로 판매하고, 구분 표시가 생략된 주류는 용도별 구분 없이 판매할 수 있습니다. 또 소매판매도 가능한데, 자가소비 또는 실수요자로서 주류실수요자 증명서에 따라 관할 세무서장이 인정한 자에게는 직접 판매도 할 수 있습니다.

종합주류도매업자는 같은 시·군 이외의 지역으로 판매장을 이전하는 것을 허가하지 않지만, 면허사업자의 판매지역은 전국 어디나 가능합니다. 해당 사업자는 주류를 판매할 때 거래상대방의 사업장까지 운반, 인도해야 합니다. 다만, 자기 사업장이 소재한 시·도 행정구역 이외의 지역에 일정 수량 이하에 해당하는소량의 주류를 공급할 때에는 예외로 합니다. 배달 차량은 면허사업자의 소유 또는 임차한(주류 운반을 위탁받은 운송사업자가 운행하는 차량을 포함한다) 화물 차량으로 운반해야 하며, 주류 운반용 화물 차량에는 관할 지방국세청장으로부터 검인받은 스티커를 전면 차창 내부 우측 하단에 부착해야 합니다.

종합주류도매업자가 납품할 수 있는 주류의 용도별 판매 범위

1. 유흥음식업자, 기타소매업자 : 유흥음식점용 주류
2. 전문소매업자 : 가정용 주류
3. 의제소매업자(소속된 슈퍼·연쇄점 본·지부가 주류중개업면허가 있는 경우 제외)
   : 가정용 주류

 여기서 잠깐!

조미용 주류 취급 품목에서 제외

(기존) 조미용 주류는 종합주류도매업자 및 특정주류도매업자 등이 취급하도록 규정되어 있었습니다.

(개정) 조미용 주류는 알코올을 함유한 조미식품으로서 주류가 아니므로 주류판매업자의 취급 품목에서 제외

(2021년 개정)

 여기서 잠깐!

소주·맥주에 대한 대형매장용 용도구분 표시 폐지

(기존)

현재 「주류의 상표사용에 관한 명령위임 고시」 제8조 규정에 따르면 희석식 소주·맥주는 유흥음식점용, 가정용, 대형매장용으로 용도가 구분되어 있으며, 상표에 용도별로 표시를 하도록 하고 있습니다. 이로 인해 가정용(슈퍼, 편의점, 주류백화점 등)과 대형매장용(대형마트)은 최종 소비자에게 판매되는 동일 제품임에도 불구하고 용도별 표시(가정용, 대형매장용) 및 재고 관리에 따른 비용이 발생한다는 업계의 의견이 많았습니다.

위스키 등 RFID(Radio Frequency IDentification, 무선주파수 인식)를 적용하는 주류는 가정용으로 통합하여 표시하고, 그 외 주류는 용도구분 표시를 생략할 수 있도록 하고 있습니다.

(개선)

기획재정부와 국세청은 위 내용과 관련한 고시(「주류의 상표사용에 관한 명령위임 고시」 및 용도구분 관련 고시)를 개정하였습니다.

희석식 소주·맥주의 용도별 표시(가정용, 대형매장용)를 '가정용'으로 통합하는 것입니다.

특정주류도매업 면허

1 특정주류도매업 면허를 받아 음식점에 술을
납품하려고 합니다. 어떤 걸 준비해야 하나요?

우선 납품할 술을 보관하는 장소로 면적이 22m² 이상이어야 하고 그와 함께 사무공간(규격제한 없음)이 함께 마련되어야 합니다. 이때 물량이 많아서 또는 주류제조장으로부터 가까운 거리에 하치장을 별도로 두더라도 사업장 소재지로서 창고를 마련해야 합니다.

창고면적(22m² 이상)은 실제 바닥면적을 기준으로 하므로 현장 실사를 반드시 한 후 계약하시는 것이 좋습니다.

또한 해당 사업장의 건축물 용도가 근린생활시설, 업무시설, 사무실 등인지 확인하기 위해서는 건축물대장을 발급받아 확인해야 합니다.

요건	특정주류도매업 면허
창고면적	22m² 이상(사무공간 추가적으로 필요)
판매시설	저장용기 및 방충설비(병입주류만을 판매하는 경우는 제외)
기타	면허신청인의 자격요건 나. 면허신청인(법인인 경우에는 그 임원을 포함한다. 이하 같다)의 자격요건 　1) 미성년자가 아닐 것. 다만, 그 법정대리인이 법 제10조제1호 또는 제7호 　　부터 제10호까지의 규정에 해당하지 아니하는 때에는 그러하지 아니하다. 　3) 「조세범 처벌법」 제6조 및 제12조에 따라 처벌받은 경우에는 5년이 경 　　과되었을 것 　4) 「신용정보의 이용 및 보호에 관한 법률」 제25조제2항에 따른 종합신 　　용정보집중기관이 취급하는 신용불량정보상에 부도, 대출금 연체 등 　　의 사유로 인하여 신규여신의 취급을 중단 받은 경우에는 그 중단사유 　　가 해제되었을 것
사업장	건물등기부등본 또는 임대차계약서(사용승낙서) 건축물대장(창고, 제1종/2종 근린생활시설, 소매점, 사무소, 업무시설 가능) 토지이용계획확인원
법인의 경우	정관 주주총회 회의록 (대표자 및 임원 전체) 주민등록초본(병역기록 기재), 주민등록등본, 가족관계증명서, 개인신용정보조회결과서 법인등기사항증명서, 법인의 기업신용정보조회결과서, 법인인감증명서
	주류판매업 면허신청서(서식 부록 2) 사업계획서 수입인지 제1종국민주택채권 매입 영수증(발급시)

**특정주류도매업자의 면허 사업범위는
어떻게 되나요?**

주류면허법 시행령 제8조제1항제2호 가목~마목에 따른 주류를 주류제조자로 부터 구입하여 소매업자(의제주류판매업자 포함)에게 판매할 수 있습니다.

특정주류도매업자가 납품할 수 있는 주류의 종류

1. 발효주류 중 탁주·약주 및 청주
2. 전통주
3. 소규모주류제조자가 제조한 맥주
4. 「주세법 시행령」 제4조제2호에 따라 주류 수량을 산정하는 중소기업이 제조한 맥주
5. 「주세법」 별표 제2호가목에 따른 주류의 발효·제성(製成: 조제하여 만듦) 과정에 같은 법 시행령 별표 1 제2호가목1)의 첨가재료 외의 재료를 첨가한 기타 주류

특정주류도매업자(A)에게서 구입한 민속주, 지역특산주에 한해 특정주류도매업자(B) 및 주류소매업자(의제주류판매업자 포함)에게 판매할 수 있습니다.

또 주소지 또는 사업장 관할 세무서장이 주류실수요자 증명서에 따라 자가소비 또는 실수요자로 인정한 자에게는 직접 판매할 수 있습니다(서식 부록 25).

예전에는 향과 색소가 가미된 막걸리의 경우 기존 막걸리와 동일한 방법으로 제조되었더라도 기타주류로 분류되어 종합주류도매업자를 통해야만 유통할 수 있었습니다. 하지만 정부는 기타주류로 분류되어 있는 유사탁주의 판로 확대를 지원하기 위해 특정주류도매업자의 유사탁주 취급을 허용하게 되었습니다(주류면허법 시행령 제8조, 2021. 2. 17. 개정)

주류면허법 시행령 제8조에서 유사탁주의 법률적 정의는 "마. 「주세법」 별표 제2호가목에 따른 주류의 발효 · 제성(製成: 조제하여 만듦) 과정에 같은 법 시행령 별표 1 제2호가목1)의 첨가재료 외의 재료를 첨가한 기타 주류"로 표기되어 있습니다.

③ 수입주류전문도매업 면허와 주류의 군납중개업 면허가 있던데, 이 면허를 지금도 신청할 수 있나요?

수입주류전문도매업과 주류의 군납중개업 면허 2종은 관련 규정의 폐지로 인해 1999년 1월 1일 이후로 신규면허를 받을 수 없습니다.

다만, 수입주류전문도매업 면허를 받은 자가 특정주류도매업자로 변경하고자 할 경우 특정주류도매업 면허를 위한 시설요건(창고 22m²)을 갖추지 않아도 특정주류도매업 면허를 받을 수 있습니다.

주류수출·수입업 면허

① 와인이나 고량주를 외국으로부터 수입해서 판매하고
   싶은데, 어떤 면허를 받아야 하나요?

　해외에서 주류를 수입하여 국내에서 판매를 하고자 한다면 주류수출입업(나)
면허를 발급받으셔야 합니다.

　크게 3단계의 업무로 진행되는데, 우선 대외무역법 시행령상 무역업고유번호
를 받아야 합니다. 이 무역업고유번호는 한국무역협회 본부 또는 각 지역지부에
서 발행하고 있습니다.

　그다음 아래 서류를 구비하여 사업장 소재지 관할 세무서에 주류수출입업(나)
면허를 신청합니다. 관할 세무서에서 인적 기준이 적합하다고 인정되면 사업장 현
장 실사를 진행하게 되며, 면허증 수령 전 사업자등록 신청을 하고, 면허증을 수령
하게 됩니다.

　이 사업장은 국세청 입장에서는 주세법에 따라 주세 징수를 위한 사업장으로
보고 있고, 식품의약품안전처 입장에서는 해외에서 수입한 식품을 판매하는 사
업장으로 분류하게 되므로 수입식품안전관리 특별법에 따라 '수입식품 등 수입

판매업' 등록을 해야 합니다. 등록을 완료하고 나면 주류를 수입하기 전 해외제조업소 등록을 한 후 본격적으로 해외로부터 주류 수입을 위한 발주를 할 수 있게 됩니다.

또한 실무적으로는 외국에서 만든 술을 수입 통관하려면 술의 재료 및 성분에 대한 검역과 정밀검사를 거쳐야 합니다.

요건	무역업고유번호신청(한국무역협회)
필요서류	개인 또는 법인 사업자등록증
온라인접수	www.kita.net(한국무역협회) – 협회안내 – 회원사가입/정보관리 – 무역업고유번호 발급 – 온라인신청

요건	주류수출입업(나) 면허(관할 세무서)
창고면적	22m² 이상(사무공간 추가적으로 필요)
사업장	건물등기부등본 또는 임대차계약서(사용승낙서) 건축물대장(제1종/제2종 근린생활시설, 소매점, 사무소, 업무시설 가능) 토지이용계획확인원 – 택지개발제한지역, 농림보전지역, 군사보호시설지역 등 건축제한지역 배제
개인의 경우	대표자 신분증 사본 대표자 주민등록등본, 주민등록초본(병역사항 표시), 기본증명서, 개인신용정보조회서 개인인감증명서
법인의 경우	정관 주주총회 회의록(또는 이사회 회의록, 이사회 서면결의서) (대표자 및 임원 전체) 주민등록등본, 주민등록초본(병역사항 표시), 기본증명서, 개인신용정보조회서 기업신용정보조회서, 법인등기사항증명서, 법인인감증명서
	주류편매업 면허신청서(서식 부록1) 무역업고유번호증 사본 사업계획서 수입인지 국민주택채권(10만 원) 또는 도시철도채권(15만 원) 매입영수증(면허증 발급시) 대리인 방문시 대리인신분증, 위임장, 법인인감증명서

요건	수입식품 등 수입판매업 영업등록(지방식약청)
사업장	건물등기부등본 또는 임대차계약서(사용승낙서)
법인의 경우	법인등기사항증명서
	수입식품 등 수입판매업 등록 신청서(서식 부록 3) 수입식품 등 수입판매업 교육이수증 토지이용계획확인원 건축물대장 수입인지 영업등록증을 우편으로 수령 시 면허세 납부 영수증

주류수출입업(나) 면허의 처리기한은 서류 신청 후 40일(영업일 기준)이 걸리고, 주문발주를 하고도 해외운송 및 수입통관을 하려면 1개월 이상 소요되는 등 몇 달간 월세만 지불하고 기다려야 하는 상황이 발생하므로 차질 없는 준비가 필요합니다.

한국무역협회 지역본부 현황

지역	주소	연락처
서울사무소	서울시 강남구 영동대로 511(삼성동)	1566-5114
경기남부지역본부	경기도 수원시 영통구 광교로 107 경기도 경제과학진흥원 12층	031)259-7850
경기북부지역본부	경기도 고양시 일산서구 킨텍스로 217-59(대화동, 제2킨텍스) 오피스동 801호	031)995-6161
인천지역본부	인천광역시 연수구 갯벌로 12(송도동) 미추홀타워(IBITP) 17층 1703호	032)260-1100
부산지역본부	부산광역시 중구 충장대로 11 부산무역회관 7층	051)993-3300
강원지역본부	강원도 춘천시 남춘로 20 국민연금춘천회관 7층	033)256-3067
대구경북지역본부	대구광역시 동구 동대구로 489 대구무역회관 5층	053)753-7531
충북지역본부	충북 청주시 흥덕구 풍산로 50 충북중소기업지원센터 5층	043)236-1171
울산지역본부	울산광역시 북구 산업로 915 울산경제진흥원 4층 (연암동)	052)287-3060
광주전남지역본부	광주광역시 광산구 무진대로 282 무역회관 3층	062)943-9400
전북지역본부	전북 전주시 덕진구 팔과정로 164 전북경제통상진흥원 6층	063)214-6991
대전세종충남지역본부	대전 서구 청사로 136 대전무역회관 4층	042)338-1001
경남지역본부	경남 창원시 의창구 중앙대로 257	055)282-4115
제주지부	제주특별자치도 제주시 연삼로 473 제주경제통상진흥원 5층	064)757-2811

주류수입업 면허의 겸업제한 규정이 완화되었다고 하는데, 그 내용이 무엇인가요?

기존에는 주류수입업을 하기 위해서 기존 법인을 운영하고 있더라도 신규 법인(주류수입업만을 영위)을 신설해야만 주류수입업을 할 수 있었습니다. 이제는 기존에 다른 업종을 영위하는 법인(본점)이 있다면 신규법인 설립 없이도 업종 추가를 통해 주류수입업을 신청할 수 있게 되었습니다(2020년 1월부터 시행). 이는 주류수입업자의 진입장벽을 해소하고 경제 활성화에 기여할 것으로 판단됩니다.

2020.1. 2. 개정된 주세사무처리규정에 따르면 다른 업종을 영위하는 사업자나 기존 주류수입업 면허자가 별도 신규 법인을 설립하지 않아도 주류수입업과 다른 업종을 겸업할 수 있도록 개선하였습니다. 예를 들면 주류와 함께 치즈 등 관련 상품을 수입판매 할 수 있게 되었습니다.

다만, 의제주류판매업이나 국내주류중개업의 면허를 가지고 있는 사업자의 경우 주류수입업 겸업을 금지하고 있으므로 이때에는 기존 방식과 같이 별도의 신규법인을 설립해야 할 것입니다.

또 주류수입업과 다른 업종을 겸업하는 사업자가 유흥음식업자에게 판매할 수 있는 것은 주류만 가능하며, 다른 제품의 판매는 금지하고 있습니다.

주류수입업 겸업제한 완화 관련 규정

(주세사무처리규정, 국세청 훈령 제2339호)

기존	개정(2020.1.2.)
○ 주류수입업자는 외국으로부터 주류만을 직접 수입하여 판매하여야 한다. 다만, 주류를 제조, 수출, 수출입중개, 소매(의제판매업 제외)하는 경우에는 그러하지 아니한다.	○ 외국으로부터 주류를 직접 수입하여 판매하여야한다. 다만, 의제주류판매업과 국내주류중개업을 겸업하는 것은 금지하고 유흥음식업자에게는 주류만을 판매하여야 한다.

3 주류수입업자의 면허 사업범위는 어떻게 되나요?

주류수입업자가 되면 외국산 주류를 외국으로부터 수입하여 종합주류도매업자, 수입주류전문도매업자, 슈퍼·연쇄점 본(지)부 등 국내주류중개업자 및 주류소매업자, 의제주류판매업자에게 판매할 수 있습니다.

수입업자가 주류를 판매할 때는 아래 구분에 따라 판매해야 하나, 국가로부터 공매를 받는 경우에는 예외로 합니다.

주류수입업자가 납품할 수 있는 주류의 용도별 판매 범위

1. 종합주류도매업자·수입주류전문도매업자 : 가정용·유흥음식점용 주류
2. 슈퍼연쇄점 본(지)부 등 국내주류중개업자 : 가정용 주류
3. 유흥음식업자, 기타소매업자 : 유흥음식점용 주류
4. 전문소매업자 : 가정용 주류
5. 의제소매업자 : 다음 구분에 따른 주류
    가. 대형매장, 공무원연금매점, 농·수·신협매장
        (1) 희석식소주, 맥주 : 가정용 주류
        (2) 위 (1) 이외의 주류 : 가정용 주류
    나. 위 가목 이외의 의제소매업자 : 가정용 주류
6. 「주세법」 등에 따라 면세주류를 취급할 수 있는 자 : 주세면세용 주류
7. 다음의 경우에는 실수요자에게 직접 판매할 수 있다.
    가. 국가, 지방자치단체 및 외국기관이 직접 소비하는 것으로서 당해 기관장의 구입확인서의 제출이 있는 경우
    나. 문화체육관광부장관의 허가를 받은 사단법인으로서 외국과의 문화교류 또는 친선도모 등을 목적으로 운영되고 있는 사교클럽 또는 이와 유사한 장소로서 세무서장이 인정하는 자
    다. 공신력이 있다고 인정되는 판매기관에 직접 납품하는 경우
    라. 기타 특수하다고 인정되어 세무서장의 승인을 받은 경우

---

* 희석식 소주·맥주의 용도별 표시(가정용, 대형매장용)를 '가정용'으로 통합

주류수입업자가 수입 주류의 상표 표시를 하려면 어떤 점을 유의해야 하나요?

　주류의 상표에는 내용물과 다르거나 소비자를 현혹시킬 우려가 있는 과대선전문구는 기재하거나 표시할 수 없습니다. 다만 외국으로 수출하는 면세용 주류는 예외로 하고 있습니다.

　주류의 주상표(주류용기에 부착하는 상표 중 상표의 면적이 가장 큰 상표)에는 용도를 구분하여 표시해야 합니다.

항목	내용
용도구분 표시 – 수입주류의 주상표 또는 보조상표에 기재	1. 희석식소주, 맥주 : "가정용", "주세면세용"(또는 "면세주류") 2. (삭제 2020. 7. 1.) 3. 제1호 이외의 주류 : "주세면세용"(주세면세용을 제외한 주류의 용도구분 표시 생략 가능) 4. 식품의약품안전처 「기구 및 용기포장의 기준 및 규격 고시」상 금속제 용기(can, keg)를 사용하는 주류, 100㎖ 이하의 용기를 사용하는 주류 : "가정용" 표시 생략 가능 * 지상자 등 외포장에 '가정용' '주세면세용' 특수접착제를 사용한 스티커 첩부로 대체 가능(폭 3cm 이상의 대각선 표기)
	1. 1.8ℓ 이상 : 활자크기 24포인트 이상 2. 500㎖ 이상 : 활자크기 20포인트 이상 3. 300㎖ 이상 : 활자크기 16포인트 이상 4. 300㎖ 미만 : 활자크기 14포인트 이상
	1. 주세면세용 : 노란색 바탕에 파란색 글씨로 "주세면세용" 선명하게 표시 　단, 코팅병인 경우 바탕색을 다른 색으로 표시 가능 2. 가정용 주류 : "음식점·주점 판매불가" 경고문을 주상표 또는 보조상표 내 적색 12포인트 이상 표시 3. 군납용 주류 : 상단 중앙에 노란색 바탕에 16포인트 이상의 파란색 고딕체 글씨로 '군납' 표시, '이 술은 면세용품으로 군인 이외의 자에게 판매금지' 내용문구 표시, 외포장에 폭 50cm 이상 적색 대각선 내 "군납용" 표시

* 참고사항 : 수입업자는 주류를 수입하여 통관할 때 각국의 공인기관이 발행하는 원산지(국) 증명을 수입신고 서류에 첨부해야 함.
* 「주류의 상표사용에 관한 명령위임 고시」 제8조 참고.

수입한 포도주 및 증류주의 경우 지리적 표시는 해당 지리적 표시에 나타난 장소를 원산지로 해야 하며 그러하지 않은 포도주나 증류주에는 사용할 수 없습니다. 진정한 원산지가 표시되어 있거나 지리적 표시가 번역되어 사용된 경우 또는 "종류", "유형", "양식", "모조품" 등의 표현이 수반되는 경우에도 동일하게 적용됩니다. 또한 한미 무역협정 제2.13조에서 미국 특산품으로 인정한 버본위스키와 테네시위스키는 버본위스키와 테네시위스키 제조를 규율하는 미국의 법 및 규정에 따라 미국에서 제조된 주류에 한하여 상표에 '버본위스키'와 '테네시위스키'를 표시할 수 있습니다(주세사무처리규정 제48조).

⑤ 관세청에서 공매하는 미통관 상태의 수입 주류를 공매받아 사업을 하려면 어떤 면허를 취득해야 하나요?

주류공매를 일반 개인이 할 경우 공매기간 통합 3병 이내로 구매할 수 있으나 낙찰된 양주는 절대 타인에게 판매할 수 없습니다. 주류공매를 통해 구입한 주류를 다른 사업자에게 판매하는 행위를 하기 위해서는 주류수입업면허를 보유해야 합니다. 주류공매는 입찰을 통해 공매가격을 제시하고 낙찰되면 구입하게 되는데, 입찰 시 주류수입업 면허증 사본을 제출하게 되어 있습니다.

입찰 신청을 하여 주류를 낙찰받았다면 수입식품안전관리특별법에 따라 관련 스티커를 부착 한 후에 물품을 반출할 수 있습니다.

공매로 취득한 외국산 주류는 다음의 정해진 자에게만 판매할 수 있습니다.

1. 「관광진흥법」 제4조에 따라 등록된 관광숙박업 중 관광호텔업자와 관광 객이용시설업 중 관광음식업자 및 외국인전용 유흥음식업자
2. 주세사무처리규정 제78조제2항제7호 각목에 해당하는 실수요자

6 공업용 주정 수입을 위해 면허를 취득하려면 무엇을 준비해야 하나요?

공업용 주정은 주류수출입업(나) 면허를 취득하시면 수입하여 도매로 판매할 수 있습니다.

취급품목이 공업용주정 수입인 경우에는 주류 창고 22m² 규정은 적용하지 않습니다. 따라서 사업장 사무실의 소유주(건물 등기사항증명서)이거나 임차인(임대차계약서)임을 입증하는 자료를 준비하시면 됩니다. 단 주택이나 주거용 오피스텔은 사무실로 사용할 수 없습니다.

공업용 주정 보관 및 배송을 위한 조건으로는 주류 창고 대신 탱크저장소를 준비하셔야 하는데, 이것과 관련한 규정은 「위험물안전관리법」 및 같은 법 시행규칙에 따라 탱크로리 임차허가증 또는 소유허가증을 준비하면 가능할 것입니다.

다른 서류들은 주류수출입업(나) 면허 취득을 위한 준비와 동일하게 하면 됩니다.

공업용 주정의 경우 음용하지 못하게 변성하고 검정받아야 판매 가능하나, 수출용품·시약용품·시험연구용품·관수용품 또는 의료의약용품의 제조에 사용하는 것은 변성하지 않아도 판매가 가능합니다.

주류소매업 면허

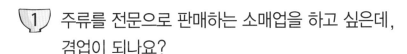 주류를 전문으로 판매하는 소매업을 하고 싶은데,
겸업이 되나요?

부가가치세법상 사업자등록증을 가지고 주류전문소매업 관련 구비서류를 갖춰 면허를 신청하면 되는데, 주류전문소매업의 경우 사업장의 면적 제한은 없습니다.

또한 법인 본점이 주류판매업자(주류수입업자, 특정주류도매업자)인 경우 주류전문소매업을 영위하려면 별도의 사업장을 마련하고 지점 설치를 하면 면허를 받을 수 있습니다.

주류도매업 성격의 주류수입업이나 특정주류도매업을 하면서 주류전문소매업 면허를 발급받아 사업을 하는 경우도 있습니다. 이처럼 주류전문소매업 면허를 보유하게 되면 주류 전문매장을 갖고 최종소비자에게 주류를 판매할 수 있게 되는 것입니다.

법인 사업자로서 주류를 수입하여 판매하는 주류수입업자인데, 수입한 주류를 소매하려면 별도의 면허를 얻어야 하나요?

현재 설립한 법인의 주류수입업 면허로는 도매로 판매하는 것만 가능하고 최종소비자에게 판매하는 형식인 소매는 불가능합니다.

따라서 최종소비자에게 주류를 판매하려면 주류전문소매업을 개설해야 하며 본 법인의 지점을 추가로 개설하여야 합니다. 이때 지점 개설을 위해서는 또 다른 사업장이 필요하겠지요.

주류전문소매업을 위한 사업장의 크기는 제한이 없습니다만 건축물 대장에 근린생활시설이라 기재된 곳이면 가능하며, 학교주변 등 민원이 다수 발생할 수 있는 장소는 사전 검토가 필요합니다.

이때 법인의 지점개설은 법인의 임원은 본점과 동일하되, 사업장의 주소지가 달라야 합니다. 본점과 같은 건물 내 다른 사무실이어도 두 사무실 간 거리 및 위치에 따라 불허될 가능성이 있으므로 관할 세무서에 사전 문의를 해보는 것이 좋습니다.

또 주류전문소매업은 일반음식점(의제주류면허)과 달리 안주와 술을 판매장소에서 먹을 수 없습니다. 주류전문소매점에서는 주류만을 소매로 판매하는 것을 허용하고 있습니다.

다만, 다음의 경우에는 실수요자에게 직접 판매할 수 있습니다.

1) 국가, 지방자치단체 및 외국기관이 직접 소비하는 것으로서 당해 기관장의 구입확인서의 제출이 있는 경우

2) 문화체육관광부장관의 허가를 받은 사단법인으로서 외국과의 문화교류 또는 친선도모 등을 목적으로 운영되고 있는 사교클럽이라고 세무서장이 인정하는 경우

3) 주류면허가 없는 자가 길흉사 등 행사용, 식품제조 원료용 등으로 사용하는 경우로서 세무서장의 승인을 받은 경우

③ 주정소매업 면허를 취득하려면
구비해야 할 조건은 무엇인가요?

  주세사무처리규정 제2조 17호에서 "공업용주정 소매업자"란 「위험물안전관리법」 제6조에 따라 위험물취급소의 설치허가를 받은 자로서 공업용 주정을 실수요자에게만 판매할 수 있도록 하고 있습니다(서식 부록 25).

  주정소매업 면허 취득을 위해서는 사업장에 시설을 갖춘 후 사업장 관할 소방서로부터 위험물 판매취급소 완공검사필증을 준비해야 합니다. 공업용주정의 종류가 다양하므로 그 품목에 따라 위치·구조·설비의 기준을 파악해야 합니다. 또한 위험물 판매취급소는 일반 건축물의 규정과 많이 다르므로 위험물 시설 전문업체와 상의하시는 것이 필요합니다.

요건	공업용 주정 소매업 면허(관할 세무서)
사업장	건물등기부등본 또는 임대차계약서(사용승낙서)
법인의 경우	법인등기사항증명서, 법인 인감증명서 정관, 총회 회의록, 주주명부 임원 전원의 주민등록초본(병역기재 필) 기본증명서(등록기준지 확인용) 사업자등록증 사본
	주류판매업 면허 신청서(서식 부록 2) 대표자 신분증 사본, 위임장, 대리인 신분증 사업계획서 수입인지 제1종국민주택채권 매입 영수증(발급시)

④ 주류제조업자와 수입업자, 주류소매업자는 사업장에서 시음행사를 할 수 있나요?

현행 관련 규정인 「주류 거래질서 확립에 관한 명령위임 고시」(제2조, 제4조)에 따르면 주류 시음행사는 주류 제조자와 수입업자, 주류 소매업자에게 허용하고 있습니다.

주류 제조자와 수입업자의 경우에는 관할 세무서장의 사전 승인을 받고 불특정 다수인에게 주류 홍보를 위하여 출시일(수입주류는 업체별로 최초 수입 후 판매일)로부터 3개월 이내에 미개봉 상태로 제공하는 시음주, 기한에 관계없이 개봉 후 잔에 따라 제공하는 시음주 또는 주류 교환권을 무상으로 제공할 수 있습니다(위 고시 제2조8호).

주류 소매업자가 시음행사를 하려면, 국가 · 지방자치단체 · 공공기관이 전통 주의 홍보를 위해 상설 운영하는 홍보관 등(주류소매업자에 한한다)은 직접 구입한 전통주를 면허장소에서 불특정 다수인에게 시음주로 제공하기 전에 관할 세무 서장의 사전 승인을 받아야 합니다(위 고시 제4조5호).

시음주 사전승인 처리 기준

구분	주류 제조자·수입업자	주류 소매업자
승인주류	○ 주류 홍보를 위하여 개봉하여 잔에 따라 제공하는 모든 주류 － 출시일(수입주류는 업체별 최초 수입 후 판매일)로부터 3개월 이내에 미개봉 상태로 제공하는 주류 포함	○ 국가·지방자치단체·공공기관이 전통주의 홍보를 위해 상설 운영하는 홍보관 등(주류소매업자에 한한다)이 직접 구입한 전통주를 불특정 다수인에게 제공하려는 경우
승인장소	○ (승인장소) 실내장소로 한정 　■ 예시) 세종시 나성로 1길 이마트 3층 ○○○ 음식점 ○ (불허장소) 학교·청소년수련시설·병원 등 공공장소와 아파트, 길거리, 등산로 등 실외 ○ (예외) 국가·지방자치단체·공공기관과 주무부처가 인·허가한 주류업단체가 주최 또는 주관하는 행사·축제 장소는 승인 가능	○ (승인장소) 국가·지방자치단체·공공기관이 전통주의 홍보를 위해 상설 운영하는 홍보관 등 주류소매면허 장소
승인한도 (연간누계)	○ 승인물량 한도(미니어처 수량 포함) | 승인주류 || 승인물량 한도 || | 주종 | 기준용량 | 병수 | 용량 | | 희석식소주 | 360mL | 36,000병 | 12,960ℓ | | 맥주 | 500mL | 36,000병 | 18,000ℓ | | RFID 적용 위스키 | 500mL | 1,800병 | 900ℓ | | RFID 적용 기타주류 | 500mL | 1,800병 | 900ℓ | | 그 외 주류 (주종별) | 500mL | 18,000병 | 9,000ℓ |	○ (승인기간 한도) － 1회 승인 가능한 시음기간은 최장 3개월을 초과할 수 없다.
검토 및 승인권자	○ 제조·수입업 면허장소 관할세무서장(소비업무 담당과장)	○ 소매업 면허장소 관할세무서장(소비업무 담당과장)

* 주세사무처리규정 (국세청 훈령 제2443호) 부표 제11호 인용

의제주류판매업 면허

1 의제주류판매업 면허는 어떤 경우에
받을 수 있는지요?

의제주류판매업 면허는 크게 2가지 분류로 나눌 수 있는데요. 우선 「식품위생법」에 따라 영업허가를 받은 장소에서 주류판매업을 하는 자로서 일반음식점이나 유흥음식점 또는 단란주점 등을 하려는 경우입니다.

두 번째는 주류 판매를 주된 업종으로 하지 아니하는 자로서 백화점, 슈퍼마켓, 편의점 또는 이와 유사한 상점에서 주류를 판매하는 자, 「관광진흥법」제5조 및 「폐광지역 개발 지원에 관한 특별법」제11조에 따른 카지노 사업장에서 무상으로 주류를 제공하는 카지노사업자, 외국을 왕래하는 항공기 또는 선박에서 무상으로 주류를 제공하는 항공사업자 또는 선박사업자의 경우가 여기에 해당합니다.

의제주류판매업 면허 신고는 영업허가를 받은 날 또는 영업을 개시한 날부터 30일 이내에 판매장 관할 세무서장에게 신청서와 구비서류를 제출하면 됩니다. 이때 식품위생법에 따른 영업허가를 받거나 영업신고를 한 자는 영업허가서 또는 신고필증 사본을 첨부해야 합니다.

의제주류판매면허를 받게 되면 종합주류도매업자를 통해 주류를 구입하는 것뿐만 아니라 탁주, 약주, 청주, 소규모주류, 민속주, 지역특산주 제조자로부터 직접 구입하여 판매할 수 있습니다. 주류수입업자, 수입주류전문도매업자로부터 수입주류를 공급받아 판매할 수도 있습니다.

② 야구장에서 술을 판매하려면 어떻게 해야 하나요?

야구장에서 생맥주 통을 메고 다니며 맥주를 팔던 아르바이트생을 기억하시나요? 한때 술을 음식과 함께 판매할 수 있는 음식점 사업자는 업소 내에서 마시는 고객에게만 술을 판매하고 업소 외로 유출할 수 없었죠. 그러다 2016년에 관련 규정이 삭제되면서 불법 논란은 종결되었습니다(주세사무처리규정 제75조3항 삭제 2016. 7. 29. 개정). 현재 야구장 같은 체육시설이나 지역축제장에서 술을 판매하려면 '기타소매업면허'를 받고 영업행위를 할 수 있습니다. 세무서장은 면허 신청 목적 등을 고려하여 체육시설, 축제장 등 한정된 공간 전역에서 주류 판매를 할 수 있도록 승인하며, 면허기간도 세무서장이 상황을 고려하여 필요한 기간 동안 승인하고 있습니다(주세사무처리규정 제12조1항12호 신설 2016. 7. 29. 신설).

③ 삼계탕집에서 주인장이 직접 담근 인삼주를 손님에게 팔 수 있나요?

삼계탕집은 통상 일반음식점으로 등록하는데, 주인장이 직접 담근 인삼주를 손님에게 내놓거나 팔려면 주류제조면허를 받아야 합니다. 직접 제조한 술은 유상이든 무상이든 타인에게 제공하기 위해서는 주류제조면허를 취득해야만 가능한 일입니다. 직접 제조한 것이 아닌, 면허를 가진 양조장에서 제조된 인삼주를 구입하여 손님에게 제공하는 것은 주류제조면허가 없어도 가능합니다.

 대학축제 때 주점에서 술을 팔고 싶은데,
학교 측에서 못 하게 합니다. 왜 그런가요?

예전부터 대학축제 기간이 되면 술 소비량이 늘어나고, 학내에서도 술과 안주를 파는 주점이 많이 생기곤 했죠. 하지만 현행법상 대학축제 기간에 술을 파는 것은 불법입니다. 주세법상 술은 제조뿐만 아니라 판매를 위해서도 면허를 받아야 합니다. 또 음식을 만들어서 파는 행위는 영업신고를 하지 않고 한다면 법적으로 문제가 됩니다. 식품위생법상 영업신고를 하기 위해서도 건물 등 공간이 있어야 하는데 대학축제 때 임시로 만든 주점은 판매공간 요건에 맞지 않으므로 영업신고를 할 수 없습니다. 따라서 영업신고를 할 수 없는 사업장에서는 의제주류판매 면허조차도 받을 수 없게 되는 것입니다.

 지자체에서 운영하는 지역축제에서는 술을 판매하는데,
이것은 어떻게 가능한가요?

지역경제 활성화를 위한 지역축제의 경우 지자체가 주관하거나 후원하는 경우가 있습니다. 이런 경우 야외 임시매장에 음식을 조리해서 판매하려면 일반음식점 영업등록이 필요한데, 지방자치단체의 조례로 규정하여 임시 허가를 해줍니다. 일반음식점 영업이 가능할 경우 의제주류판매 신청을 하여 술을 판매할 수 있게 되는 것입니다.

6 관광호텔을 운영하는 사업자가 호텔 내 주류를 판매하려면?

「관광진흥법」에 따르면 관광숙박업의 종류는 관광호텔업, 수상관광호텔업, 한국전통호텔업, 가족호텔업, 호스텔업, 소형호텔업, 의료관광호텔업과 휴양 콘도미니엄업이 있습니다.

이 법 제4조와 제18조에 따라 관광숙박업을 등록한 때에는 주류판매업의 면허를 받은 것으로 봅니다. 따라서 별도의 면허 없이 주류 판매를 할 수 있습니다.

다만 해당 업소의 전부 또는 일부를 타인에게 임대한 경우 임차인이 해당 장소에서 주류판매업을 하고자 할 때에는 주류판매업 면허를 받아야 합니다.

 여기서 잠깐!

대형매장의 면적기준 완화

「주세사무처리규정」 제2조 및 제73조에 따르면 대형매장 기준을 「유통산업발전법」상 대형마트의 점포로서 면적이 1천m² 이상인 점포에서는 동일고객에게 1일 또는 1회에 일정 수량을 초과하여 판매하는 경우 주류판매기록부를 작성하도록 하고 있습니다.

1. 맥주 : 4상자(1상자는 500㎖ 12병 기준)
2. 위스키 및 브랜디 : 1상자(1상자는 500㎖ 6병 기준)
3. 희석식소주 : 2상자(1상자는 360㎖ 20병 기준)

그런데 대규모 점포의 기준이 실제 「유통산업발전법」상 규정인 매장면적의 합계가 3천m² 이상으로 대형매장의 기준이 서로 다릅니다.

(개선)
향후 훈령인 「주세사무처리규정」을 개정하여 주류판매기록부 작성 의무가 있는 대형매장 기준을 「유통산업발전법」과 동일하게 **3천m² 이상**으로 완화하였습니다.

(「주세사무처리규정」 2020. 7. 1. 개정)

주류의 **통신판매**

1 와인 판매점에서 인터넷으로 와인을 주문받고
택배로 배송해도 되나요?

술은 기본적으로 전화나 인터넷 등 통신판매를 할 수 없고 대면판매만 허용하고 있습니다. 와인판매자가 인터넷 홈페이지나 전화로 주문을 받고 택배로 발송하는 것은 대면판매가 아니므로 불법입니다. 하지만 전문소매업자 및 의제소매업자는 판매한 주류를 최종소비자가 대면 결제를 한 후 택배로 배송하는 것은 가능합니다. 또는 스마트 오더로 주문을 받고 직접 대면해서 상품을 전달하는 것은 가능합니다.

2 전통주는 온라인에서 주문 배달이 가능한데,
통신판매 절차와 방법은 어떻게 되나요?

전통주(민속주, 지역특산주)를 생산하는 주류제조면허자로서 관할 세무서장의 승인을 받은 자 또는 국세청장의 승인을 받아 직매장에서 민속주, 지역특산주를 구입하여 판매하는 주류제조자가 인터넷 등 통신수단을 통하여 구입신청을 받아 실수요자에게 판매하는 것은 가능합니다.

단, 미성년자에게 판매하지 않도록 성인인증 절차가 포함된 통신판매이어야 하고(배송장소가 해외인 경우 성인인증 하지 않아도 통신판매 가능), 통신판매 하는 주류의 상표에는 '미성년자에게 판매할 수 없음'을 표시해야 합니다.

주류를 통신판매하는 자는 구입자 인적사항(주소, 성명, 생년월일) 및 판매내용(판매일자, 주류 명칭, 수량, 가격 등) 등을 기록한 '주류통신판매기록부'를 갖추어두고 관리하도록 하고 있습니다.

전통주 제조자가 전통주를 통신판매 하려는 경우 통신판매 개시 15일 전까지 제조장 관할 세무서장에게 주류통신판매승인신청서를 작성하여 제출해야 하고, 세무서장은 7일 이내 승인여부를 통지하게 되어 있습니다(서식 부록 27).

주류통신판매가 가능한 통신수단

1. 우체국 주문 방식의 통신판매
2. 전통주 제조자의 인터넷 홈페이지(복수 가능)
3. 조달청 나라장터 종합쇼핑몰(shopping.g2b.go.kr)
4. 한국무역협회 해외판매 전문 온라인쇼핑몰(www.kmall24.com)
5. 전자상거래사업자의 사이버몰인 인터넷 홈페이지(11번가, 네이버 스마트스토어, 쿠팡 등)와 휴대전화 앱(app)
6. 전통주 제조장이 속하는 해당 시·군·구청 인터넷 홈페이지 또는 주무부처 승인을 받은 전통주 제조자협회의 인터넷 홈페이지에 연결된 2, 3, 4, 5번의 인터넷 홈페이지를 연결한 통신판매

한편, 전통주를 통신판매 방식으로 판매할 경우 통상가격보다 높은 가격으로 주류제조장으로부터 출고할 때에는 통상가격을 주류제조장으로부터 출고하는

때의 가격으로 볼 수 있도록 과세표준을 변경하였습니다. 이는 전통주산업 육성을 위한 조치로 이해됩니다(주세법 시행령 제20조 신설, 2020. 2. 11. 개정).

 ✦ 여기서 잠깐!

주류통신판매기록부에서 기재사항 간소화

(기존)
「주류 통신판매에 관한 명령위임 고시」 제5조에 따르면 전통주 통신판매 시 판매자는 구매자 주민등록번호 등이 포함된 주류통신판매기록부를 매월 관할 세무서장에게 제출하도록 하고 있습니다. 그러나 온라인 중개쇼핑몰의 경우 구매자 주민등록번호를 암호화하고 있어 판매자가 구매자의 주민등록번호를 알 수 없고, 성인인증 절차를 거치므로 주민등록번호를 별도로 기록하는 것은 실익이 낮습니다.

(개선)
향후 관련 고시(「주류 통신판매에 관한 명령위임 고시」) 개정을 통해 성인인증을 거치는 통신판매 방식의 경우에는 주류통신판매기록부를 작성, 보관 및 제출하지 않아도 됩니다.(위 고시 제5조 2021. 5. 14. 개정)

 ③ 치킨집이나 중국음식점에서 술을 배달해서 마시는데,
이것도 통신판매 아닌가요?

국세청은 전통주 등 일부 주류제조자로서 관할 세무서장의 승인을 받은 자에 한해 주류를 통신판매할 수 있도록 허용하고 있습니다.
다만, 전화·휴대전화 앱 등을 통해 주문받아 직접 조리한 음식과 함께 주류

(1회 총 주문금액 중 주류 판매금액이 50% 이하인 주류에 한한다)를 배달하는 일반음식점 영업자와 전화·휴대전화 앱 등을 통해 주문받은 주류를 판매영업장 안에서 직접 대면하여 소비자에게 인도하는 주류소매업자는 국세청으로부터 주류의 통신판매 승인을 받지 않고도 통신판매를 할 수 있습니다(전화 주문을 제외한 통신판매의 경우, 「전자상거래 등에서의 소비자보호에 관한 법률」에 따른 통신판매업 신고를 별도로 해야합니다).

　여기서 주의할 것은 주류통신판매 수단을 제공하는 통신판매중개업자는 주류통신판매 수단만을 제공해야하며 주류를 자기 책임하에 구매하거나 판매해서는 안 됩니다.

④ 배달음식점에서 생맥주를 용기에 담아 판매해도 되나요?

　음식점에서 음식과 함께 병이나 캔으로 된 소량의 주류를 배달하는 것은 허용하나 생맥주를 별도의 용기에 담아 배달하는 행위는 '주류의 가공·조작'으로 보아 금지해왔습니다.

　하지만 기획재정부와 국세청은 국민생활 편의 제고 및 자영업자의 정상적인 영업활동을 위해 2019. 07. 09.부터 생맥주를 고객의 주문에 의해 음식에 부수하여 배달할 목적으로 별도 용기에 나누어 담는 행위는 허용하게 되었습니다.

　따라서 슈퍼마켓 등 소매점의 대면판매 후 주류배달, 치맥 등 (조리된)음식에 수반되는 주류배달, (야구장)맥주보이, 치맥페스티벌 등 한정된 장소의 주류판매는 허용하고 있습니다.

5 스마트 오더(앱)를 통해 술을 주문·판매할 수 있나요?

2020년 4월부터 음식점이나 편의점, 슈퍼마켓 등 소매점 사업자는 별도의 승인 없이 스마트폰 애플리케이션(앱)을 이용해 주문하는 '스마트 오더'를 통해 주류를 판매할 수 있게 되었습니다. 이때 앱으로 구매를 하더라도 매장에서 직접 방문하여 수령해야 합니다. 이 서비스는 주류를 주문, 결제한 소비자가 직접 매장을 찾아 판매자로부터 전달받는 것을 전제로 합니다. 단 음식점의 경우 주문받은 음식에 부수하여 소량의 주류를 배달하는 것은 계속 허용되고 있습니다.

6 음식에 부수하여 주류를 배달할 수 있는 허용의 기준은 어떻게 되나요?

"음식에 부수하는 주류"는 주문대상인 음식이 주가 되고 음식 소비자의 편익을 위해 음식에 부수하여 주문받은 소량의 주류가 해당되며, 음식에 부수하는 주류에 해당하는지 여부는 음식점에서의 주류배달 허용취지, 건전한 상식과 사회통념에 부합하는지 여부를 종합적으로 고려하여 관할 행정기관에서 사실 판단할 것입니다.

음식에 부수하여 함께 주류를 배달하는 것을 허용한 취지는 '치맥' 등을 이용하는 국민 불편 해소를 위한 것이므로, 사실상 주류통신판매업을 영위하면서 제도의 취지에 반하여 마치 음식에 부수하는 주류를 판매하는 것처럼 제도를 악용하는 것은 엄격히 규제하고 있으며, 적법여부는 해당 행정기관에서 구체적인 사례에 따라 사실 판단하게 됩니다. 따라서 사업자가 일반적인 배달음식점과 다른 형태로 음식과 주류를 구매하는 회원을 모집하여 선결제 받고 정기적으로 배달해

주거나 주류 위주로 마케팅하는 행위 등은 허용된 주류통신판매 사업자가 아니면 위반행위라 볼 수 있습니다.

	주세법상 가능(○)	주세법상 불가능(×)
1	치킨집·중국음식점에서 전화로 주문받은 음식과 함께 술 배달	치킨집·중국음식점에서 전화로 주문받은 술만 배달
2	마트에서 현장결제·판매된 술을 집으로 배달	마트에서 전화·인터넷 주문 후 택배 배송
3	와인판매점에서 대면 판매된 술을 택배로 배송	와인판매점이 인터넷으로 주문받고 택배배송
4	전통주 제조자가 홈페이지에서 전통주 판매	주류수입업자가 타인이 수입한 주류 판매
5	주류제조자가 홈페이지에서 타사 전통주 판매	주류도매업자가 온라인에서 주류 판매
6	지자체 허가를 받은 지역축제에서 술 판매	대학축제 중 학생들이 술 판매
7	삼계탕집에서 주류회사의 인삼주를 구입판매	삼계탕집에서 직접 담근 인삼주를 제공·판매
8	집에서 직접 담근 매실주를 자가 소비	집에서 직접 담근 매실주를 판매

 여기서 잠깐!

국세청은 주류산업 활성화를 위해 **스마트 오더**[*] 허용 등 주류규제 혁신 방안 모색과 주류 관련 창업지원 등을 위한 규제혁신 도우미 제도를 운영하겠다고 발표했습니다. 앞으로 주류산업이 더욱 성장할 수 있는 계기가 되면 좋겠네요!
(2020년 4월 3일부터 시행)

[*] 스마트폰 앱 등을 통해 주문·결제하고 이후 오프라인 매장에서 상품을 수령하는 구매방식

2020년도 국세행정운영방안, 국세청 보도자료, 2020. 1. 29. 홈페이지 참조

 여기서 잠깐!

통신판매가 허용되는 '음식점의 주류 배달' 기준 명확화

(기존)

「주류 통신판매에 관한 명령위임 고시」 제3조에 따르면 「식품위생법 시행령」 제21조 따른 일반음식점에서 전화, 휴대전화 앱 등을 통해 주문받아 직접 조리한 '음식에 부수하여' 주류를 배달하는 통신판매를 허용하고 있습니다만 '부수'의 범위가 불명확하여 현장에서 혼란이 발생하고 민원도 많습니다.

(개선)

① 전화·휴대전화(app) 등을 통해 주문받아 직접 조리한 음식과 함께 주류(1회 총 주문금액 중 주류 판매금액이 50% 이하인 주류에 한한)를 배달하는 일반음식점 영업자

② 전화·app 등을 통해 주문받은 주류를 판매영업장 안에서 직접 대면하여 소비자에게 인도하는 주류 소매업자는 주류 통신판매 승인을 받지 않고 통신판매를 할 수 있습니다.

(「주류 통신판매에 관한 명령위임 고시」)

주류 판매할 때
유의사항

**1 주류도매업자는 사내 체육행사 등에 사용할 주류를
납품할 수 있나요?**

　주류도매업자는 주류판매업 면허를 받은 업체에게만 주류를 판매할 수 있습니다. 다만 주류판매업면허를 받지 않은 경우일지라도 관할 세무서장으로부터 자가소비 또는 실수요자로 인정받은 자의 경우 주류 도매업자로부터 합법적으로 주류를 구매할 수 있습니다.

　자가소비 또는 실수요자로 인정받기 위해서는 '주류 실수요자 증명 신청서'에 구입사유, 입증서류(행사계획서, 청첩장 등)를 첨부하여 주소지 또는 사업장 관할 세무서장에게 제출하여 승인을 받으면 됩니다(서식 부록 24).

2 유흥음식업자와 기타소매업자가 구입하는 주류가
정해져 있나요?

유흥음식업자와 기타소매업자는 주류제조자 또는 주류도매업자로부터 유흥음식점용 주류만을 구입하고 판매(배달 포함)해야 하며 용도 위반 주류를 면허장소 내에 가지고 있으면 안 됩니다. 또 주류를 구입하는 때마다 주류판매계산서 또는 세금계산서를 교부받아서 보관해두어야 합니다.

3 주류제조자와 주류도매업자가 판매처와 최초 거래를
시작할 때 어떤 부분을 확인해야 하나요?

주류제조자와 주류도매업자가 판매처와 최초로 거래할 경우에는 거래상대방의 면허증 또는 신고필증원본과 사업자등록증 원본을 확인하고 그 사본을 보관해야 합니다. 또 거래상대방의 사업장에 나가서 위장, 허위 및 가공거래 여부를 확인하는 것이 필요합니다.

주류를 판매할 때에는 거래상대방의 영업장까지 운반, 인도하도록 해야 하나, 주류도매업자 및 슈퍼·연쇄점 본(지)부 등 중개업자인 경우에는 주류제조자로부터 직접 주류를 운반할 수 있습니다.

하치장(공동집배송센터)을 공동사용하는 경우에는 그 하치장(공동집배송센터) 공동사용 사업자의 차량으로만 공동하치장에서 공동 배송할 수 있습니다.

주류제조자와 주류수입업자가 직접 배송하지 않고 허가받은 화물자동차 운송사업자나 물류업체를 이용하여 주류를 운반하는 경우에는 운반하는 주류와 일치하는 세금계산서나 주류판매계산서를 함께 휴대해야 합니다(주세사무처리규정 제71조).

④ 주류를 운반할 때 차량 이용은 어떻게 하면 되나요?

주류제조자, 주류수입업자, 종합주류도매업자, 주류중개업자는 주류(주정 제외)를 판매하는 경우 소유차량 또는 임차차량(주류 운반을 위탁받은 운수사업자가 운행하는 차량 포함)에 국세청장이 정하는 바에 따라 주류 운반용 차량임을 표시하여 운반하여야 합니다.

다만, 예외적으로 수출용 주류를 컨테이너로 운반하는 경우, 주류제조자·주류수입업자가 「화물자동차 운수사업법」에 따라 허가받은 화물자동차 운송사업자나 화물자동차 운송가맹사업자를 통하여 운반하는 경우, 그 밖에 국세청장이 필요하다고 인정하여 고시하는 경우에는 위 표시사항을 부착하지 않아도 됩니다.

주류운반용 차량 검인스티커 발급신청을 받은 관할 지방국세청장은 차량 소유권 등을 확인하여 차량번호, 회사명, 발행번호 등을 기재한 검인스티커를 작성하고 발급합니다.

지입차량을 면허자 소유차량으로 등록하거나 지입차량 기사를 면허자 소속 사원으로 위장한 사실이 있는 때에는 면허 취소 사유에 해당하므로 주의하셔야 합니다.

 여기서 잠깐!

주류제조자 및 주류수입업자의 주류 판매 시 택배 운반이 가능하도록 개선

(기존)

「주세법 시행령」 제46조의2, 「주류의 양도·양수 방법, 상대방 및 기타에 관한 명령위임 고시」 제3조, 제8조 따르면 주류제조자와 주류수입업자는 '주류 운반차량 검인 스티커'가 부착된 소유·임차차량과 물류업체 차량을 이용하여 주류를 운반할 수 있습니다. 다만, 현실적으로 배당 스티커를 물류업체(택배) 차량에 부착하기 어려워서 택배를 이용한 주류 운반이 불가능합니다.

예를 들면 강원도 소재 A 수제맥주 제조업체는 수도권, 부산, 제주 등 전국적으로 수요가 확대되고 있지만 자사 운반차량 2대로 물량을 적절한 시기에 공급하기 어려운 실정입니다.

(개선)

「주류면허 등에 관한 법령 시행령」 제19조 및 관련 고시 개정을 통해 주류제조자·수입업자가 물류업체 차량을 이용하여 도·소매업자에게 주류를 운반하는 경우 주류 운반차량 표시 의무를 면제하도록 하였습니다. 이때 물류업체란 「화물자동차 운수사업법」에 따라 허가 받은 화물자동차 운송사업자 또는 화물자동차 운송가맹사업자가 해당합니다.

(2021년 2월 시행령 제정)

3장

주류**제조면허**

주류제조면허의 종류

1 주류의 제조면허 중 전통주 면허란 무엇인가요?

주류를 제조하려는 자는 주류 종류별로 주류제조장마다 시설기준과 요건을 갖추어 면허를 받아야 하며, 기존 주류제조면허자가 다른 주종의 주류를 제조하려는 경우에도 면허를 추가로 받아야 합니다.

전통주 면허는 크게 민속주 면허와 지역특산주면허로 나뉩니다.

민속주 면허는 국가 또는 시·도에서 지정한 문화재 보유자가 제조한 주류나 주류부문의 대한민국식품명인이 제조한 주류를 말합니다. 예를 들면 문배주, 이강주, 안동소주, 금산 인삼주, 계룡 백일주, 민속주왕주 등이 속합니다.

민속주 면허의 종류

- 「무형문화재 보전 및 진흥에 관한 법률」 제17조에 따라 인정된 주류부문의 국가무형문화재 보유자 및 같은 법 제32조에 따라 인정된 주류부문의 시·도 무형문화재 보유자가 제조하는 주류
- 「식품산업진흥법」 제14조에 따라 지정된 주류부문의 식품명인이 제조하는 주류
- 「제주도개발특별법」에 따라 1999. 2. 5. 이전에 제주도지사가 국세청장과 협의하여 제조 면허한 주류
- 관광진흥을 위하여 1991. 6. 30 이전에 건설교통부장관이 추천하여 주류심의회 심의를 거쳐 면허한 주류

지역특산주면허는 농어업경영체 및 생산자단체가 직접 생산하거나, 제조장 소재지 관할 특별자치시·특별자치도·시·군·구 및 그 인접 특별자치시·시·군·구에서 생산한 농산물을 주원료로 하여 제조하는 주류 중 특별시장·광역시장·특별자치시장·도지사·특별자치도지사의 제조면허 추천을 받은 주류를 의미합니다. 예를 들면 고창 복분자주, 지리산 머루주, 영월 더덕주, 광양 매실주, 진도 홍주 등이 속합니다.

지역특산주 면허의 종류

- 「농업·농촌 및 식품산업 기본법」 제3조 따른 농업경영체 및 생산자단체와 「수산업·어촌 발전 기본법」 제3조에 따른 어업경영체 및 생산자단체가 직접 생산하거나 주류제조장 소재지 관할 특별자치시 또는 시·군·구(자치구를 말한다. 이하 같다) 및 그 인접 특별자치시 또는 시·군·구에서 생산된 농산물을 주된 원료로 하여 제조하는 주류로서 「전통주 등의 산업진흥에 관한 법률」 제8조제1항에 따라 특별시장·광역시장·특별자치시장·도지사·특별자치도지사의 추천을 받아 제조하는 주류

② 주류의 제조면허 중 소규모주류면허란 무엇인가요?

소규모주류면허를 취득하게 되면 탁주, 약주, 청주, 맥주를 제조하거나 과실(과실즙은 제외)을 이용하여 과실주를 제조하여 판매할 수 있습니다.

우리가 보통 '하우스 맥주', '하우스 막걸리'를 제조하여 판매할 때 이 면허를 취득하는 경우가 많습니다.

이렇게 만든 소규모 주류는 병입한 주류를 제조장에서 최종소비자에게 판매할 수 있고, 영업장(직접 운영하는 타 영업장도 포함) 안에서 마시는 고객에게 판매할 수도 있습니다. 또 해당 제조자 외에 식품위생법에 따른 식품접객업 영업허가를 받거나 영업신고를 한 자의 영업장에 판매하는 것도 가능합니다.

종합주류도매업자나 특정주류 도매업자, 주류소매업 사업장, 백화점·슈퍼마켓·편의점 같은 상점에서 주류를 소매하는 사업장에도 납품할 수 있습니다.

소규모주류 제조자가 소규모제조 주류를 판매할 수 있는 방법

- 병입(甁入)한 주류를 제조장에서 최종소비자에게 판매하는 방법
- 영업장(해당 제조자가 직접 운영하는 다른 장소의 영업장을 포함한다) 안에서 마시는 고객에게 판매하는 방법
- 해당 제조자 외에 「식품위생법」에 따른 식품접객업 영업허가를 받거나 영업신고를 한 자의 영업장에 판매하는 방법(종합주류 및 특정주류 도매업자를 통하여 판매하는 것 포함)
- 주류소매업의 면허를 받은 자, 백화점, 슈퍼마켓, 편의점 또는 이와 유사한 상점에서 주류를 소매하는 자에게 판매하는 방법

---

3 주류의 제조면허 중
일반제조면허란 무엇인가요?

위에서 설명한 전통주 및 소규모주류면허 이외의 모든 주류면허는 일반 면허에 속한다고 보시면 됩니다.

일반 양조장의 경우 일반제조면허를 받고 주류를 제조하는 것입니다.

 여기서 잠깐!

주류 제조면허 현황

1) 주류 제조면허 통계

	탁주	약주	청주	맥주	과실주	증류식소주	희석식소주	위스키	브랜디	일반증류주	리큐르	기타주류	주정	술덧	총계
2021년	992	460	43	189	285	152	20	11	7	270	132	146	9	1	2,717

참고자료 : 2022 국세통계연보 10-3-1 주류별 제조면허 현황

주류**제조면허**의 **취득**

 [주류제조면허 공통] 주류제조면허를 취득하기 위한 절차는 어떻게 되나요?

1. 전통주 제조면허 추천서 취득 (전통주가 아닌 주류의 경우 생략)	• 추천서 유효기간 : 6개월

⇩

2. 주류제조면허 신청	• 제조면허신청서, 사업계획서 등 면허관계 구비서류를 잘 준비하여 제조장 소재지 관할 세무서에 제출 • 신청서 처리기간 : 40일(영업일 기준)

⇩

3. (필요시) 시설조건부[1] 면허 취득	• 1년 이내 착수, 3년 이내 완공조건의 시설조건부 면허 • **(소규모 주류의 경우)** 6월 이내 착수 1년 이내 완공조건의 시설조건부 면허 • 시설 착공 시 관할 세무서에 신고

---

1) 시설조건부 면허 : 미리 시설을 갖추어 면허를 신청하였다가 허가되지 못할 경우를 방지하기 위하여 서류상 이상이 없을 경우에 제조시설을 완비할 것을 조건으로 조건부면허를 부여하고 있음.

4. 착수 및 완공 신고	• 관할 세무서에 착수 신고 • 관할 세무서에 설비 완공 신고(제조 설비 신고서) 및 용기검정 신청서 제출

⇩

5. 시설확인 및 용기검정	• 관할 세무서에서 주류별 시설기준 충족 여부 확인 • 제조용기 용량산출을 위한 용기검정 실시 • 작업장과 판매장 명확히 구분해야 함 • 살균탁주, 살균약주의 경우 살균 제반시설 구비

⇩

6. 제조면허 취득	• 관할 세무서에서 제조면허증 발급 • 도시철도채권(45만 원) 또는 국민주택채권(30만 원) 구입

⇩

7. 식품제조가공업 등록	• 관할 소재지 지방식약청(식품안전관리과) 제출 정부24(www.gov.go.kr) 식품안전나라(www.foodsafetykorea.go.kr) 전자민원 제출 가능

⇩

8. 출고 전 주질감정	• 승인된 주류제조방법에 따라 최초로 생산된 주류를 관할 세무서에 주질감정 의뢰

　　주류제조면허는 일반면허든 소규모면허든 시설조건부 면허를 잘 활용하는 것이 좋습니다. 미리 시설을 갖추어 면허를 신청했다가 허가받지 못할 경우를 방지하기 위하여 서류상 이상이 없을 경우에 제조시설을 완비할 것을 조건으로 조건부면허를 부여하는 제도입니다.

　　일반 주류제조장의 경우 1년 이내 공사를 착수하고 3년 이내 완공하는 조건으로 시설조건부 면허를, 소규모 주류제조장의 경우 6개월 이내 공사를 착수하고 1년 이내 완공조건으로 시설조건부 면허를 받을 수도 있습니다.

　　주류제조장을 설치하려는 장소의 지역 및 건축법상 용도, 기타 적합 유무 등을 확인하는 것이 꼭 필요합니다. 해당 지역의 구청 건축과와 보건소의 식품제조가 공업 담당자에게 관련 사항을 꼭 확인하시기 바랍니다.

 [주류제조면허 공통] 관할 세무서에 주류제조면허 신청을 하려면 어떤 서류를 구비해야 하나요?

사업자의 관할 세무서에 주류 제조면허신청을 하기 위해서는 아래의 서류를 준비해야 합니다.

요건	주류 제조업 면허 신청 시 필요 서류
제조장	제조장 소재지의 국토이용계획 확인원 제조장 부지 및 건물의 등기부등본 또는 임대차계약서 제조장의 위치도, 평면도, 제조시설 배치도 제조시설 및 설비 등 설명서 및 용량표 제조공정도 및 제조방법설명서(해당 주류 제조방법신청서 첨부)
법인의 경우	법인 정관 주주총회 또는 이사회 회의록 주주 및 임원 명부 임원 주민등록초본(병역기록 기재), 주민등록등본 등록기준지(기본증명서) 법인 등기사항증명서, 법인인감증명서
공동사업의 경우	동업계약서 사본 동업자 인감증명서
	주류제조면허 신청서(서식 부록 4) 사업계획서 수입인지 국민주택채권 매입 영수증(면허증 발급 시 제출)

예전에는 식품접객업 영업허가 또는 영업신고를 한 사업장에서만 소규모주류 제조 면허를 받을 수 있었으나 2018년 4월에 시행령 개정으로 이 부분은 삭제되

었습니다. 따라서 소규모주류제조를 할 때 식품접객업장 없이 소규모주류제조장 설치만 하는 것도 가능합니다. 대신 식품(주류)제조가공업 등록도 해야 합니다.

제조시설 설치를 완료한 경우 제조 및 판매설비 신고서 및 용기검정 신청서를 함께 제출합니다(서식 부록 11, 부록 12).

3 [일반주류제조 면허] 주류제조면허의 업무처리는 어떻게 진행되나요?

[주류 제조면허 업무처리 절차도]

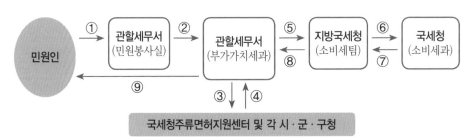

① 제조면허신청서 접수	② 부가가치세과 인계	③ 제조방법 검토의뢰 및 면허요건 조회
④ 회보	⑤ 지방청 전달	⑥ 국세청 전달
⑦ 국세청 승인	⑧ 세무서 통보	⑨ 민원인에게 면허증교부

주류 제조면허를 얻고자 하는 개인이나 법인이 제조장 소재지의 관할 세무서에 관련 서류를 제출하면 관할 세무서는 국세청주류면허지원센터에 제조방법을 검토하도록 의뢰함과 동시에 사업자의 구성원 및 사업장의 용도가 면허요건에 적합한지 시·군·구청에 조회를 합니다.

또한 관할 세무서는 조회결과를 회신받으면 지방국세청을 거쳐 국세청 본부에 전달하고 승인이 나면 민원인에게 면허증을 교부하게 되는 것입니다.

④ [일반주류제조 면허] 주류 제조장의 시설을 설치할 때 시설기준이 있나요?

주류를 제조하려는 자는 주류 종류별로 제조장마다 시설기준 이상의 제조시설을 갖추도록 하고 있는데, 주류제조장은 화장실, 합숙소, 식당, 폐기물 처리장 등 위생에 영향을 미칠 수 있는 시설과 구분되어야 하며, 관할 세무서장이 승인하면 주류 제조시설을 주류가 아닌 식품 제조 등을 위해 사용할 수 있습니다.[2]

또 충분한 조명·환기 및 방충시설을 갖춰야 하며, 제조하는 작업장과 판매장소는 명백하게 구분하여야 합니다.

다만 하나의 제조장에서 2종류 이상의 주류를 제조할 수 있도록 면허를 받은 자 또는 연접된 장소에서 각각 다른 종류의 주류를 제조하도록 면허를 받은 자가 하나의 시설을 공통으로 이용하려고 할 때는 주류 제조장에 주류제조용기 세척 전문설비를 갖추고 이를 사용할 경우 주류 종류별로 따로 설치하지 않아도 됩니다.

일반적으로 주류제조시설은 발효 및 증류시설, 담금·저장·제성용기, 시험시설로 구분하여 규정하고 있습니다.

한편, 시험용 또는 학술연구 목적으로 주류를 제조하는 경우에는 주류제조시설기준을 갖추지 않아도 됩니다.

또한 2021년에 만든 주류면허법 시행령에서는 시험 또는 시험행사를 하거나 기획재정부령으로 정하는 축제 또는 경연대회에 사용하기 위하여 주류를 제조하는 자는 제조시설을 갖추지 못한 경우에도 면허를 받을 수 있도록 하였습니다.
(주류 면허 등에 관한 법률 시행령 제2조6항)

---

2) 「주류의 제조, 저장, 이동, 원료, 설비 및 수량 등에 관한 명령위임 고시」, 「소규모주류 제조자에 대한 주류의 제조, 저장, 설비, 수량 등에 관한 명령위임 고시」 모두에 동일하게 적용

제조장의 공통사항

시설기준(주세사무처리규정 제32조, 제33조)
▶ 주류제조장은 화장실, 합숙소, 식당, 폐기물 처리장 등 위생에 영향을 미칠 수 있는 시설과 구분하고, 관할 세무서장의 승인을 얻어 주류 이외의 제품생산 허용됨.
▶ 제조하는 작업장과 판매장소는 명백하게 구분
▶ 합성수지용기는 식품·의약품분야 시험·검사 등에 관한 법률 제6조 제2항 제1호에 따른 식품 등 시험·검사기관의 시험분석에서 사용적격 판정을 받은 것을 사용

▶ 살균탁주, 살균약주 제조장의 경우 살균 관련 제반시설을 구비해야 함
  − 살균실험실
  − 살균기 또는 살균조
  − 살균시험기구 : 현미경, 무균상자, 고압살균기, 냉장고, 항온항습기

▶ 제조장에서 제조한 주류를 외부로 반출하여 판매할 경우 용기주입시설 및 세척시설과 여과 또는 살균시설을 갖추어야 함. 다만, 냉장유통·보관시설을 갖춘 경우에는 여과·살균시설을 갖추지 아니할 수 있음.
▶ 하나의 제조장에 2종류 이상 주류제조 면허를 받았거나 연접된 장소에서 각각 다른 종류의 주류를 제조하도록 면허를 받은 자가 하나의 시설을 공통으로 사용하려면 제조용기 세척전문설비를 갖출 경우 주류 제조시설을 공통으로 이용 가능   − 배관, 용기 등을 분해하지 않고 세척할 수 있는 CIP(Cleaning in lpace) 방식의 설비
▶ 입국을 제조하는 경우 입국제조시설(제국기 등), 증류 공정이 있는 경우 증류기, 약주의 경우 여과기 등 제조방법신청서상의 제조공정이 필요한 시설을 추가로 갖춰야 함.

일반적인 주류종류별 시설기준

주류별	일반적인 기준(소규모, 민속주, 지역특산주 제외)[3]	
	시설구분	시설기준
가. 주정	1) 발효 및 증류시설 　가) 발효조 총용량 　나) 술덧탑 　다) 정제탑 2) 시험시설 　가) 현미경 　나) 항온항습기 　다) 간이증류기	 275kℓ 이상 1기 이상 1기 이상 1,000배 이상 1대 0~65℃ 1대 1대
나. 탁주 및 　약주	1) 담금 · 저장 · 제성용기 　가) 담금(발효)조 총용량 　나) 제성조 총용량 2) 시험시설 　가) 간이증류기 　나) 주정계	 3kℓ 이상 2kℓ 이상 1대 0.2도 눈금 0~30도 1조
다. 청주	1) 담금 · 저장 · 제성용기 　가) 담금(발효)조 총용량 　나) 저장 및 검정조 총용량 2) 시험시설 　가) 현미경 　나) 항온항습기 　다) 간이증류기 　라) 무균상자	 5kℓ 이상 7.2kℓ 이상 500배 이상 1대 0~65℃ 1대 1대 1대
라. 맥주	1) 담금 · 저장 · 제성용기 　가) 용기 총용량 　　(1) 전발효조 　　(2) 후발효조(저장조) 2) 시험시설 　가) 현미경 　나) 항온항습기 　다) 가스압측정기 　라) 간이증류기	 25kℓ 이상 50kℓ 이상 500배 이상 1대 0~65℃ 1대 1대 1대

---

3) 공업용 합성주정만을 제조하는 경우에는 가. 주정의 시설 중에서 발효조 총용량, 술덧탑, 현미경, 항온항습기, 간
이증류기는 갖추지 않아도 됨.

주류별	일반적인 기준(소규모, 민속주, 지역특산주 제외)	
	시설구분	시설기준
마. 과실주	1) 담금·저장·제성용기 　가) 담금(발효)조 총용량 　나) 저장 및 검정조 총용량 2) 시험시설 　가) 현미경 　나) 항온항습기 　다) 간이증류기	 21㎘ 이상 22.5㎘ 이상 500배 이상 1대 0~65℃ 1대 1대
바. 희석식 소주[4]	1) 담금·저장·제성용기 　가) 희석조 및 검정조 총용량 2) 시험시설 　가) 현미경 　나) 항온항습기 　다) 간이증류기	 25㎘ 이상 500배 이상 1대 0~65℃ 1대 1대
사. 증류식 소주[5]	1) 담금·저장·제성용기 　가) 담금(발효)조 총용량 　나) 저장 및 검정조 총용량 2) 시험시설 　가) 현미경 　나) 항온항습기 　다) 간이증류기	 5㎘ 이상 25㎘ 이상 500배 이상 1대 0~65℃ 1대 1대
아. 위스키 및 브랜디	1) 담금·저장·제성용기 　가) 담금(발효)조 총용량 　나) 원액숙성용 나무통 총용량 　다) 저장 및 제성조의 총용량 2) 시험시설 　가) 현미경 　나) 항온항습기 　다) 간이증류기	 5㎘ 이상 나)와 다)를 합해 25㎘ 이상 500배 이상 1대 0~65℃ 1대 1대
자. 일반증류주, 리큐르 및 기타 주류	1) 담금·저장·제성용기 　가) 담금(발효)조 총용량 　나) 저장, 침출, 제성조 총용량 2) 시험시설 　가) 현미경 　나) 항온항습기 　다) 간이증류기	 5㎘ 이상 25㎘ 이상 500배 이상 1대 0~65℃ 1대 1대

---

4) 주세법 별표 제3호 가목5)부터 9)까지의 규정에 따른 주류

5) 주세법 별표 제3호 가목1)부터 4)까지의 규정에 따른 주류

시험시설

시험시설로서 간이증류기와 주정계도 필요한데요, 간이증류기는 알코올분을 측정하기 위해 시료를 증류하는 간이 장치이고, 주정계는 술의 알코올 함량을 측정하는 액체용 비중계를 말합니다.

주정계는 주류의 알코올의 도수를 측정하기 위한 도구이며, 특히 면허를 발급받은 후 주질감정을 받을 때 많이 사용됩니다. 간이증류기를 통해 알코올을 얻은 후 주정계로 도수를 측정합니다.

 여기서 잠깐!

주류 제조시설을 이용한 주류 이외의 제품 생산 허용

(기존)

「주세사무처리규정」 제32조에 따르면 주류 제조 작업장은 독립된 건물이거나 완전히 구획되어 주류 제조가 아닌 다른 목적의 시설과 구분하여야 합니다. 이로 인해 주류 제조시설에서 생산할 수 있는 음료(무알콜 음료)나 주류 제조 시 생산되는 술 지게미와 같은 부산물을 이용하여 장아찌, 빵 등을 만들거나 화장품 원료로 활용하려면 별도의 생산시설을 설치해야 합니다.

(개선)

향후 관련 훈령 개정을 통해 주류 제조시설에서 생산 가능한 제품이나 주류를 제조하고 남은 부산물로 다른 제품을 만들 때 주류 제조장에서도 공간을 활용하여 생산할 수 있게 허용한 것입니다.

관할 세무서장이 승인하는 경우 주류 제조시설을 주류가 아닌 식품제조 등을 위해 사용 가능하도록 관련 고시(「주류의 제조, 저장, 이동, 원료, 설비 및 수량 등에 관한 명령위임 고시」, 「소규모주류 제조자에 대한 주류의 제조, 저장, 설비 수량 등에 관한 명령위임 고시」를 개정하였습니다.

⑤ [주류제조면허 공통] 국세청에서 제조면허를 받았다면, 주류제조가공업 등록을 준비하세요

제조가공업 등록을 위해서는 해당 시·군·구청에 문의한 후 관련법령상 식품제조가공업 등록이 가능한 토지 및 건물인지 확인해야 합니다. 이를 확인 후 관할 지방식약청에 주류제조가공업 업무 담당자와 시설물 설치에 관한 상담을 사전에 받으신 후 서류를 제출하시면 좋습니다.

사전 확인 사항

1. 국토의 계획 및 이용에 관한 법률 확인(식품제조가공업 불가능 지역)
   - 제1종·제2종 전용주거지역
   - 제1종 일반주거지역
   - 개발제한구역(자연녹지, 생산녹지지역 등)
2. 건축법상 용도상 가능 건물
   - 공장, 아파트형 공장
   - 제1종·제2종 근린생활시설
     * 용도 부적합 시 용도 사전 변경 후 진행 필요
   - 불법 건축물이 아닐 것
3. 제1종·제2종 근린생활시설의 경우, 정화조 용량 확인(구청 건축과)과 원인자 부담금(구청 건설과)을 협의하시기 바랍니다.

요건	주류제조가공업 등록(지방 식약청)
제조장	제조하고자 하는 주류의 제조방법설명서 (지하수 사용할 경우)수질검사(시험)성적서(먹는물 수질검사기관 발행) 건축물대장 토지이용계획확인원
법인의 경우	법인 정관 주주총회 또는 이사회 회의록 주주 및 임원 명부 법인 등기사항증명서, 법인인감증명서
	식품영업등록 신청서(서식 부록 15) 식품위생교육 이수증 건강진단결과서(개인정보열람 사전 동의 필요) 주류제조면허증 사본 수입인지

식품제조가공업 등록 시 영업자 확인사항
– 국토의 계획 및 이용에 관한 법률 – 하수도법 – 농지법 – 학교보건법 – 옥외광고물 등의 관리와 옥외광고산업 진흥에 관한 법률 – 하천법 – 한강수계 상수원수질개선 및 주민지원 등에 관한 법률 – 물환경보전법 – 소음·진동관리법 – 관광진흥법 – 학원의 설립·운영 및 과외교습에 관한 법률 – 청소년 보호법 – 근로기준법 – 산업집적활성화 및 공장설립에 관한 법률 – 주차장법 – 지방세법 – 그 밖의 관련 법령

식약처 공무원이 서류를 접수하면 아래 내용을 검토합니다. 따라서 식품제조업 등록을 위한 서류를 제출하기 전 아래의 내용에 따라 잘 준비했는지 확인해보시면 도움이 됩니다.

구분	검토사항	비고
접수 전 검토	○ 주류제조면허 확인	면허증 사본 첨부
	○ 영업등록신청서 기재사항 확인	누락 없이 기재
	○ 영업제한 대상 여부 확인	
	– 신청인 및 소재지 제한 대상 여부	
	○ 제출서류 첨부 확인	
제출서류 검토	○ 교육이수증 확인	교육이수증 사본 첨부
	○ 제조방법설명서 확인	
	○ 지하수 수질검사 시험성적서 확인	지하수 사용할 경우만
행정정보 공동이용망 확인	○ 건축물대장 확인	위반건축물 등록 불가
	○ 토지이용계획확인서 확인	공장, 제조업소 확인
	○ 건강진단결과서(개인정보열람 동의 필요)	보건소에서 발급 영업자 및 종업원 전원
현장조사	○ 시설기준 적합 여부 확인	
결재	○ 등록	

6 [주류제조면허 공통] 주류제조 영업을 위해서 국세청 면허와 식약처 영업등록을 둘 다 해야 하는데, 순서가 어떻게 되나요?

주류제조 영업자가 되려면 예전에는 주류제조면허(관할 세무서)를 받고 나서 식품제조가공업 영업등록(지방식약청)을 하도록 2단계로 구분하고 있습니다. 하지만 실무적으로는 주류제조면허를 받기 전에 건축물 및 토지의 용도가 주류제조장으로서 적합한 곳인지 사전에 검토하는 것이 반드시 필요합니다.

 **[주류제조면허 공통] 주류제조가공업 영업등록 시 위생교육은
누가, 어디서 받아야 하나요?**

위생교육의 이수 대상자는 주류제조가공업 영업을 하려는 자입니다. 교육을 받아야 하는 자가 영업에 직접 종사하지 아니하거나 두 곳 이상의 장소에서 영업하는 경우 종업원 중 식품위생에 관한 책임자로 지정된 자입니다.

교육기관은 〈한국식품산업협회〉에서 온라인 또는 오프라인 교육을 선택하면 되고, 교육시간은 8시간입니다. 온라인교육사이트(kfia21.or.kr)를 참고하시면 됩니다.

**[주류제조면허 공통] 관할 세무서에 제조면허 신청을 할 때
주류 제조방법신청서를 첨부하게 되어 있는데,
제조방법 신청은 어떻게 하는 건가요?**

주류제조 면허자가 술을 처음 만들고자 하는 때에는 제조방법신청서를 관할 세무서에 제출하고 승인받은 제조방법에 따라 주류를 제조해야 합니다. 또 제조방법을 변경하거나 추가하고자 할 때에도 예정일 15일 전에 제조방법신청서를 작성하여 관할 세무서장에게 승인신청을 해야 합니다.

예를 들면 주원료의 사용량이 변경되거나, 첨가물료의 추가 또는 변경이 있는 경우 등 중요한 변경사항이 있는 경우에는 반드시 관할 세무서장에게 제조방법을 승인신청해야 합니다.

이때 유의할 사항은 주류 제품의 원료나 첨가물의 종류 및 사용량이 주세법에 의한 규격 및 식품공전에 규정한 기준·규격에 적합하게 제조되어야 합니다. 식물의 경우에는 식품위생법상 허용되는 식물만 사용[6]할 수 있습니다. 또 첨가재료의 경우에는 주세법 시행령 별표1(주류에 혼합하거나 첨가할 수 있는 주류 또는 재료)에 규정된 것만 사용할 수 있도록 되어 있습니다.

제조방법신청서 작성 시 유의사항

– 식물:「식품위생법」상 허용되는 식물만 사용 가능
* 인터넷홈페이지: 식품의약품안전처 식품안전정보포털(http://www.foodsafe-tykorea.go.kr) → 식품전문정보 → 식품원료 → 식품원료목록에서 사용 가능 여부 확인

– 첨가재료 : 주세법시행령 [별표1]에 규정된 것만 사용 가능
* 인터넷 홈페이지: 식품의약품안전처 식품안전정보포털(http://www.foodsafe-tykorea.go.kr) → 식품·안전정보 → 식품첨가물정보 → 품목별기본정보에서 사용기준 검색 가능

이때 허용되지 않은 원료·첨가물을 사용하거나 허용된 사용기준을 초과한 경우 제조가 정지되거나 제품을 폐기해야 할 수도 있습니다. 또 제조방법 승인 후 식약처 품목제조보고 시 원료량, 첨가재료 종류 등을 제조방법신청서와 동일하게 신고해야 합니다.

---

6) 식품안전정보포털–전문정보–식품원료–식품원료목록 검색 가능

탁 · 약주 및 청주 제조방법신청서 작성 시 참고사항

* 원료 100kg 기준 담금 즉시 예정수량 및 숙성술덧 예정수량

원료별	담금즉시수량(ℓ)	숙성수량(ℓ)
쌀	110	100
밀가루	100	90
옥분	130	120
보리쌀	115	105
전분	100	90
전분당(물엿 등)	80	70
누룩	80	70
조효소	100	90

※ 제조방법신청서 세부 작성요령은 주류면허지원센터 홈페이지 참고
- http://i.nts.go.kr → 자료실 → 각 주종별 제조방법 신청서 작성 요령

만약 제조방법을 신청하지 않고 주류를 제조할 경우 제조정지 또는 출고정지 등의 불이익을 받을 수 있으므로 유의해야 합니다.

┌───┐
□ 관할 세무서 제출할 때 첨부서류 작성요령

1. 제조공정설명서
   1) 제조공정도
      – 상표명 및 제조방법 기호
      – 제조공정도 도표
   2) 제조공정설명
      – 제조공정 순서에 따라 기재
      – 2개 이상의 유형의 공정이 있는 경우 또는 다른 공정을 거쳐 생산된 원료가 투입되는 경우 등 특이사항은 각각 작성
      – 식물, 과실, 식품첨가물 등을 사용한 경우 공정단계에 반드시 표시하고, 식품첨가물의 경우 식품기준 관련문서(품목보고서, 수입면장 등) 첨부
      – 가열, 살균, 여과 공정이 있을 경우 추가 기재, 특히 살균여부 반드시 기재
      – 추출공정이 있을 경우 추출용매, 원료사용량 등을 반드시 기재
      – 기타 효소 등을 첨가할 경우 종류를 기재
2. 제조방법(신규, 추가, 변경) 사유서
   1) 설비의 개량, 공정개선 등으로 각종비율이 변경된 경우 그 사유를 상세 기재
   2) 기타 특이사항 기재
└───┘

식약처에 제출하는 〈주류 제조방법설명서〉는 법적 서식이나 양식이 정해져 있지는 않습니다. 주류면허를 받은 경우 관할 세무서에 제출한 제조방법신청서 사본을 제출합니다.

주류제조가공업 영업등록이 되면 제조하고자 하는 주류에 대하여 「식품위생법 시행규칙」 별지 제43호 서식에 따라 품목제조보고(서식 부록 13)를 하여야 하므로 가급적 품목제조보고서에 아래의 내용을 모두 포함하여 작성하는 것이 좋습니다.

┌───┐
□ 품목제조보고서에 기재하는 사항

1. 보고인(성명, 생년월일, 주소, 전화번호, 휴대전화 번호)
2. 영업소(명칭–상호, 영업등록번호, 소재지)
3. 제품정보(식품의 유형, 제품명, 소비기한 또는 품질유지기한, 원재료명 또는 성분명 및 배합 비율, 용도·용법, 보관방법 및 포장재질, 포장방법 및 포장단위, 성상, 위탁생산 여부, 품목의 특성)
└───┘

**[주류제조면허 공통] 주류제조면허를 신청할 때 제조공정도는
어떻게 작성하는지 예시를 보여줄 수 있나요?**

주류제조면허 신청을 할 때 제조공정도의 예시입니다.

〈탁주〉

원료 입고·보관	입고검사 기준에 적합한 원료를 선별하여 입고·보관
석발·세미	이물(돌)을 제거하고 쌀을 씻음
증자	씻은 쌀을 증기로 쪄서 고두밥으로 만듦
배양	고두밥에 종균을 이용하여 제국을 만듦
주모	제국이 완료된 고두밥에 효모 등을 첨가하여 배양
발효	배양된 원료를 발효조에서 발효
1차 여과	발효된 원료를 여과망(필터)을 통과시켜 불순물을 제거
제성	공정품을 완제품 기준에 맞게 알코올 농도를 조정
2차 여과	제성한 원료를 여과망(필터)를 통과시켜 불순물을 제거
포장	포장재에 용량에 맞게 주입·포장
살균	내포장된 제품을 살균(살균탁주에 한함)
보관·출고	제조한 제품을 냉장창고에 보관 후 출고

[주류제조면허 공통] 식품위생법상 주류제조가공업 등록 시 시설기준이 별도로 있다는데, 그 근거 기준은 무엇인가요?

주류 제조·가공업 영업등록은 「식품위생법 시행규칙」 제36조 관련 [별표 14] 업종별시설기준에 명시되어 있습니다. 주로 공장규모(대지면적, 건물면적, 작업장 면적), 종업원수, 건물소유구분(자가, 임대), 위생관리책임자 지정사항, 시민식품 감사인 지정사항 등을 조사하게 됩니다.

1) 건물현황

면적				소유구분
대지	m^2	건 물	m^2	• 자가( )

작 업 장
원료처리실
제조실
포장실
창고
	m^2
	m^2
	m^2
	m^2
	m^2
	(원료창고: 개 m^2, 제품보관장소: 개 m^2)
	(부자재창고 개 m^2)
				• 임대( )
				  −보증금 만 원
				  −월세 만 원

2) 건물의 위치

■ 건물의 위치는 축산폐수·화학물질, 그 밖에 오염물질의 발생시설로부터 식품에 나쁜 영향을 주지 아니하는 거리를 두어야 한다.

지방식약청 담당 공무원이 제조업체를 방문하기 전 주변 환경을 사전 조사하며 주변에 축사, 화학공장 및 구제역 가축 매립지가 있는지 여부를 확인하게 됩니다.

3) 건물의 구조

> ■ 건물의 구조는 제조하려는 식품의 특성에 따라 적정한 온도가 유지될 수 있고,
> 환기가 잘 될 수 있어야 한다.

공장 내부를 환기시킬 수 있는 급배기시설 등을 갖춰야 하며, 제조공정의 특성에 따라 일부 작업실에만 냉방 또는 냉장이 필요한 경우, 에어컨 또는 냉장시설 설치로 갈음할 수 있습니다.

일반적인 작업장 내부 온도는 평균 20℃ 내외, 습도는 30~60% 이하로 관리하는 것이 바람직합니다만, 주류제조가공에 맞는 온도와 습도를 유지하면 됩니다.

4) 건물의 자재

> ■ 건물의 자재는 식품에 나쁜 영향을 주지 아니하고 식품을 오염시키지 않는 것
> 이어야 한다.

자재의 재질을 확인하고, 오염물질 방출 또는 부식 등으로 인하여 식품에 오염이 일어날 우려가 있는지 확인합니다.

5) 작업장

> ■ 작업장은 독립된 건물이거나 식품제조·가공 외의 용도로 사용되는 시설과 분
> 리(별도의 방을 분리함에 있어 벽이나 층 등으로 구분하는 경우를 말한다)되어야
> 한다.

동일한 장소에서 식품제조·가공업과 별도로 다른 업종의 제품을 제조하는 중 이물 또는 기타 화학물질의 혼입 등에 의해 주류가 오염되거나 기타 위생적 문제가 발생하지 않도록 작업장 내부를 분리해야 합니다.

또 제조공정에 따라 작업실 및 기계설비가 합리적으로 배치되어야 합니다.

> ■ 작업장은 원료처리실 · 제조가공실 · 포장실 및 그 밖에 식품의 제조 · 가공에
> 필요한 작업실을 말하며, 각각의 시설은 분리 또는 구획(칸막이 · 커튼 등으로 구
> 분하는 경우를 말한다. 이하 같다)되어야 한다. 다만, 제조공정의 자동화 또는 시
> 설 · 제품의 특수성으로 인하여 분리 또는 구획할 필요가 없다고 인정되는 경
> 우로서 각각의 시설이 서로 구분(선 · 줄 등으로 구분하는 경우를 말한다. 이하 같
> 다)될 수 있는 경우에는 그러하지 아니하다.

분리 · 구분 · 구획된 제조공정의 특성을 파악하고, 확산 · 비산 · 혼입 및 기타
영향을 미칠 수 있는 위생상 영향을 확인해야 합니다. 작업장은 제조 · 가공 · 포
장 및 보관시설이 공정별로 분리 또는 구획되어야 한다는 의미입니다.

> ■ 작업장의 바닥 · 내벽 및 천장
> – 바닥은 콘크리트 등으로 내수처리를 하여야 하며, 배수가 잘 되도록 하여야 한다.
> – 내벽은 바닥으로부터 1.5미터까지 밝은 색의 내수성으로 설비하거나 세균
>   방지용 페인트로 도색하여야 한다. 다만, 물을 사용하지 않고 위생상 위해
>   발생의 우려가 없는 경우에는 그러하지 아니하다.
> – 작업장의 내부 구조물, 벽, 바닥, 천장, 출입문, 창문 등은 내구성, 내부식성
>   등을 가지고, 세척 · 소독이 용이하여야 한다.

배수를 위하여 바닥은 적절한 경사가 지도록 하고, 배수로에 물이 고이는지 확
인해야 하며, 물이 튀지 않도록 배수로 덮개 설치를 권장하고 있습니다.

내벽의 페인트는 습기를 흡습하지 않는 유성페인트로 도색하고 먼지가 쌓이
는 것을 방지하고 청소 및 세척이 용이해야 합니다.

> ■ 작업장 안에서 발생하는 악취·유해가스·매연·증기 등을 환기시키기에 충분한 환기시설을 갖추어야 한다.

작업장 내부에서 발생하는 증기, 냄새 등이 다른 공정에 오염을 일으키지 않도록 외부로 강제 환기를 시킬 수 있는 환기시설(환풍기 등)을 설치해야 합니다.

> ■ 작업장은 외부의 오염물질이나 해충, 설치류, 빗물 등의 유입을 차단할 수 있는 구조이어야 한다.

작업장 출입문 등은 외부와 격리될 수 있도록 밀폐되어 있거나, 출입문 주위에 해충을 방지할 수 있는 방충시설이 설치되어야 합니다.

> ■ 작업장은 폐기물·폐수 처리시설과 격리된 장소에 설치하여야 한다.

주류를 제조하는 작업장과 폐기물과 폐수 처리시설이 교차오염이 없도록 떨어져 있어야 합니다.

6) 식품취급시설

> ■ 식품을 제조·가공하는 데 필요한 기계·기구류 등 식품취급시설은 식품의 특성에 따라 식품등의 기준 및 규격에서 정하고 있는 제조·가공기준에 적합한 것이어야 한다.

식품과 직접 접촉하는 기계·기구류의 경우 「기구 및 용기·포장의 기준 및 규격」에서 정한 기준과 규격에 적합한 재질을 사용하여야 합니다. 특히, 알코올분 함량이 높은 주류와 접촉하는 배관 등은 가소제 성분이 검출되지 않는 재질을 사용해야 합니다.

> ■ 식품취급시설 중 식품과 직접 접촉하는 부분은 위생적인 내수성 재질[스테인
> 레스·알루미늄·에프알피(FRP)·테프론 등 물을 흡수하지 아니하는 것을 말
> 한다. 이하 같다]로서 씻기 쉬운 것이거나 위생적인 목재로서 씻는 것이 가능
> 한 것이어야 하며, 열탕·증기·살균제 등으로 소독·살균이 가능한 것이어야
> 한다.

식품과 직접 접촉하는 부분은 청소하기 쉽고, 기계·기구류 등의 분해, 세척
등이 용이하고 충분한 공간을 갖춰야 하며, 작업실 벽과 기계 간의 간격을 확보
해야 합니다. 다른 제조공정으로부터 교차오염 되는 것을 방지해야 합니다.

설비 및 기구는 필요에 따라 안전한 세정제, 소독약, 열수 등을 사용하여 세척
하고 재 오염을 막을 수 있는 방법으로 보관해야 합니다.

> ■ 냉동·냉장시설 및 가열처리시설에는 온도계 또는 온도를 측정할 수 있는 계
> 기를 설치하여야 한다.

냉동·냉장시설 및 가열처리시설 근처에 온도계를 설치하여 해당 온도를 직접
측정·확인하거나, 온도 및 가열조건이 유지될 수 있도록 관리해야 합니다.

7) 급수시설

> ■ 수돗물이나 「먹는물관리법」 제5조에 따른 먹는 물의 수질기준에 적합한 지하
> 수 등을 공급할 수 있는 시설을 갖추어야 한다.

수돗물을 사용하는 경우 상수도요금고지서 등을 보관하고, 지하수의 경우 사
전에 제출된 수질검사성적서를 받아둬야 합니다.

> ■ 지하수 등을 사용하는 경우 취수원은 화장실·폐기물처리시설·동물사육장, 그 밖에 지하수가 오염될 우려가 있는 장소로부터 영향을 받지 아니하는 곳에 위치하여야 한다.

지방식약청 담당공무원이 제조업체 방문 전 주변 환경을 사전 조사하여 취수원 주변에 축사, 화학공장 및 구제역 가축 매립지가 있는지 여부를 확인하게 됩니다.

취수한 용수를 보관하는 저장탱크는 외부로부터 오염을 방지하기 위한 잠금 장치와 살균장치 등을 설치하였는지도 확인합니다.

> ■ 먹기에 적합하지 않은 용수는 교차 또는 합류되지 않아야 한다.

소화전·청소용수 등 먹는 물 용도가 아닌 배관이 있는 경우 해당 배관의 경로를 직접 확인하여 교차 또는 합류 여부를 확인하므로 이 부분도 체크하시기 바랍니다.

8) 화장실

> ■ 작업장에 영향을 미치지 아니하는 곳에 정화조를 갖춘 수세식화장실을 설치하여야 한다. 다만, 인근에 사용하기 편리한 화장실이 있는 경우에는 화장실을 따로 설치하지 아니할 수 있다.

작업장과 분리된 곳에 수세식 화장실을 설치하고, 손세척·소독시설 및 환기 시설을 갖추어야 합니다(화장실 전용 신발 권장).

> ■ 화장실은 콘크리트 등으로 내수처리를 하여야 하고, 바닥과 내벽(바닥으로부터 1.5미터까지)에는 타일을 붙이거나 방수페인트로 색칠하여야 한다.

화장실 내부는 타일을 붙이거나 방수페인트를 칠하여 내수 처리를 하는 등 청소가 용이하도록 관리해야 합니다.

9) 창고 등의 시설

> ■ 원료와 제품을 위생적으로 보관·관리할 수 있는 창고를 갖추어야 한다. 다만, 창고에 갈음할 수 있는 냉동·냉장시설을 따로 갖춘 업소에서는 이를 설치하지 아니할 수 있다.

원료, 자재, 완제품 및 시험시료의 보관창고는 인위적 착오방지 또는 보관 제품의 특성에 따른 보관조건을 고려할 때 분리 또는 구획하여 보관하는 것이 바람직합니다.

> ■ 창고의 바닥에는 양탄자를 설치하여서는 아니 된다.

바닥의 먼지가 비산되거나 쌓이지 않도록 관리해야 합니다.

10) 검사실

> ■ 식품등의 기준 및 규격을 검사할 수 있는 검사실을 갖추어야 한다. 다만, 다음 각 호의 어느 하나에 해당하는 경우에는 이를 갖추지 아니할 수 있다.
> - 법 제31조제2항에 따라 「식품·의약품분야 시험·검사 등에 관한 법률」 제6조제3항제2호에 따른 자가품질위탁 시험·검사기관 등에 위탁하여 자가품질검사를 하려는 경우
> - 같은 영업자가 다른 장소에 영업신고한 같은 업종의 영업소에 검사실을 갖추고 그 검사실에서 법 제31조제1항에 따른 자가품질검사를 하려는 경우
> - 같은 영업자가 설립한 식품 관련 연구·검사기관에서 자사 제품에 대하여 법 제31조제1항에 따른 자가품질검사를 하려는 경우
> - 「독점규제 및 공정거래에 관한 법률」 제2조제2호에 따른 기업집단에 속하는 식품관련 연구·검사기관 또는 같은 조 제3호에 따른 계열회사가 영업신고한 같은 업종의 영업소의 검사실에서 법 제31조제1항에 따른 자가품질검사를 하려는 경우

미생물실험실은 일반실험실과 구획되어야 하고, 무균실·Clean Bench 등의 시설을 갖추어야 합니다.

또, 미생물 배양 시 폐기를 위한 별도 공간 및 시설이 필요합니다.

> ■ 검사실을 갖추는 경우에는 자가품질검사에 필요한 기계·기구 및 시약류를 갖추어야 한다.

식품공전에서 정한 규격과 시험방법에서 정한 실험기기, 기구 및 시약을 구비하여야 합니다.

11) 운반시설

> ■ 식품을 운반하기 위한 차량, 운반도구 및 용기를 갖춘 경우 식품과 직접 접촉하는 부분의 재질은 인체에 무해하며 내수성·내부식성을 갖추어야 한다.

벌크 상태로 운반하는 용기나 탱크로리 내부 및 주입구 등의 재질은 「기구 및 용기·포장의 기준 및 규격」에 적합한 재질을 사용하여야 하고, 주정과 같이 알코올분 함량이 높은 주류의 경우 운반시설에 사용된 재질에 가소제 성분이 함유되었는지 여부를 체크하셔야 합니다.

11 발효식초를 만들어서 판매하는 경우에도 제조면허를 받아야 하나요?

식품위생법과 식품의 기준 및 규격 고시에 나와 있는 식품의 유형 중 식초는 조미 식품에 속합니다.

또 식초는 곡류, 과실류, 주류 등을 주원료로 하여 발효시켜 제조하거나 이에 곡물당화액, 과실착즙액 등을 혼합 숙성하여 만든 발효식초와 빙초산 또는 초산을 먹는 물로 희석하여 만든 희석초산을 말합니다.

여기서 발효식초는 과실·곡물술덧(주요), 과실주, 과실착즙액, 곡물주, 곡물당화액, 주정 또는 당류 등을 원료로 하여 초산 발효한 액과 이에 과실착즙액 또는 곡물당화액 등을 혼합·숙상한 것을 말하며, 이 중 감을 초산발효한 액을 감식초라고 합니다.

이처럼 양조의 방법으로 식초요 등을 제조하는 과정에서 해당 식초요 등이 알코올분을 1도 이상 함유하게 되면 술덧에 해당합니다. 이 경우 주세법에 따라 술덧의 제조면허를 받아야만 제조 및 판매를 할 수 있습니다.

또 식품위생법에 따라 식품 또는 식품첨가물의 제조에 해당하므로 식품제조가공업 영업등록도 해야 합니다.

12 밑술 또는 술덧의 제조면허를 받으려면 시설기준이 어떻게 되나요?

구분	시설기준
1. 제조장시설의 면적	가. 창고 : 25제곱미터 이상 나. 원료처리실 : 20제곱미터 이상 다. 제국실 : 20제곱미터 이상 라. 당화실 : 20제곱미터 이상 마. 배양실 : 30제곱미터 이상 바. 포장실 : 20제곱미터 이상 사. 저온저장실 : 10제곱미터 이상 아. 시험실 : 30제곱미터 이상 자. 무균실 : 9제곱미터 이상 차. 사무실 : 20제곱미터 이상
2. 제조장에 갖춰야 할 기계·기구	가. 증자기 : 200리터용 1대 나. 당화조 : 300리터용 1대 다. 가압여과기 : 1대 라. 배양탱크 : 300리터용 3대 마. 컴프레셔(공기압축기) : 1대

'밑술'이란 효모를 배양·증식한 것으로서 당분이 포함되어 있는 물질을 알코올로 발효시킬 수 있는 재료를 말하는데, 이 밑술을 제조하려는 자도 제조장별로 시설기준을 충족해야 합니다(주세 면허 등에 관한 법률 시행령 제7조제2항).

주류 주질감정·분석

1 [주류제조면허 공통] 주류 출고 전 주질감정을 신청해야 한다는데,
어떻게 하면 되나요?

주류제조방법(신규, 추가, 변경) 승인을 받은 후 최초로 생산한 주류를 출고하기
전 관할 세무서에 주질감정을 신청해야 하며 주류면허지원센터를 통해 주질감
정에 적합판정을 받아야만 출고할 수 있습니다.

불량 또는 부패한 주류는 담당공무원이 참여하여 폐기 또는 변성하여 처리하
게 됩니다.

[주질감정 업무 처리 절차]

구분	내용
채취신청	▶ 주류제조자 : 주류제조 후 채취 신청
채취 (세무서)	▶ 분석시료 채취 　- 병입·포장 단위로 3~6본 채취 　　(500㎖ 이상 3병, 500㎖ 미만 200㎖ 이상 4병, 200㎖ 미만 6병 채취) 　- 병입되지 않은 주류는 500㎖ 기준 3본 채취 ▶ 채취표 날인·첩부 　- 채취표 1부, 채취조서 2부 작성, 채취자·참여자 날인 　- 채취표는 채취물품에 첩부, 병마개 봉인 ▶ 포장 등 운송준비 완료, 분석감정 의뢰
발송 (세무서)	▶ 택배배송 　- 주류배송 시 파손되지 않도록 스티로폼박스 등으로 포장하여 배송 　- 비살균주류의 경우 냉장포장박스 또는 스티로폼박스 등에 냉장포장 　- 배송소요시간 감안(주류면허지원센터 제주도 소재)
주질감정 (주류면허지원센터)	▶ 분석시료 주류면허지원센터 도착 ▶ 접수순서별 주질 감정, 분석 ▶ 감정결과를 세무서로 통보
통보	▶ 세무서에서 주류제조장에 서면으로 결과 통보

　제주도에 있는 주류면허지원센터로 주류를 배송할 때 파손되지 않도록 스티로폼박스 등으로 포장해서 배송해야 합니다.

　비살균주류의 경우 하절기(5~9월)에는 세무서에 비치된 특수냉장포장박스에 냉장포장하고, 그 외 계절은 냉장포장박스 또는 스티로폼 박스 등에 냉장 포장하여 배송하게 됩니다.

　비살균주류는 요일별로 배송기간을 고려해서 배송하는 것이 좋습니다.

　수요일 오후 이후에 일반택배로 배송하는 경우 배송기간이 4~5일이 소요될 수 있어 비살균주류가 변질될 수 있으므로 주의해야 합니다.

여기서 잠깐!

주류 신제품 출시 소요 기간 단축

(현행)

현재 「주세사무처리규정」 제38조와 제39조 규정에 따르면 주류를 제조하여 출시하기 위해서는 필수 절차인 제조방법 승인과 주질감정 절차를 순차적으로 진행해야 하므로 통상 30일이 소요됩니다.

(개선)

향후 제조방법 승인과 주질감정 절차를 동시에 진행하여 주류 신제품 출시 때 소요 기간을 15일로 단축하였습니다.

(「주세사무처리규정」 개정)

 [주류제조면허 공통] 분석 감정용이 아니어도 주류제조자가 분석 감정을 의뢰할 수 있나요?

네, 가능합니다. 주류의 수출, 군납, 자가참고용 등으로 분석·감정서(영문감정서 포함)가 필요한 경우에 감정의뢰를 할 수 있습니다.

분석·감정의뢰 시 수수료는 정부전자수입인지를 구입하여 분석·감정의뢰서에 첨부합니다. 수수료는 분석 1항목당 1,200원이고, 감정서 사본 1부당 300원이라고 하네요.

신청구분	채취자	분석의뢰 접수	구비서류
군납·수출용	관할 세무서 담당자	관할 세무서장	분석·감정의뢰서 주류견본채취조서 주류견본채취표
자가참고용	주류제조·판매 면허자	주류제조·판매 면허자	분석·감정의뢰서 주류견본채취표

* 자가참고용 검사는 식품위생법에 따른 자가품질검사 성적서로 사용 불가

[주류제조면허 공통] 술을 1년에 한 번 제조하는 경우 자가품질검사의 기준일은 어떻게 잡아야 하나요?

자가품질검사 주기의 적용 시점은 '제품제조일' 기준으로 6개월마다 1회 실시하며, 술을 1년에 한 번 제조하여 판매한다면 해당 식품 제조일에 맞춰 한 번만 자가품질검사를 할 수 있습니다. [2020. 4. 13. 식품위생법 시행규칙 개정(종전 3개월)]

만약 더 이상 해당 제품을 생산하지 않은 경우에 자가품질검사는 실시할 필요가 없습니다. 또 제품생산을 중단했다가 다시 생산하는 경우에는 다시 시작되는 시점의 해당 제품에 대해 검사를 실시하면 됩니다.

 [주류제조면허 공통] 식품위생법에 따르면 자가품질 검사를 실시하게 되어 있는데, 외부기관에 위탁하여 분석·감정을 의뢰하려면 어떻게 해야 하나요?

식품위생법 제31조에 따르면 식품(주류) 제조·가공업자는 각 주류별로 정해진 자가품질검사항목에 대해 6개월마다 1회 이상 검사하고 검사결과를 2년간 보관해야 합니다. 자가품질검사를 전문으로 하는 위탁 시험·검사기관[7]에 검사 의뢰를 하면 됩니다.

국세청 주류면허지원센터에서도 주류제조자가 자가품질검사 의뢰 시 '식품·의약품분야 시험·검사 등에 관한 법률'에 따라 시험·검사 성적서를 발급하고 있습니다. 주세법에 따른 주질감정을 받은 경우 자가품질검사를 실시한 것으로 인정받을 수 있습니다.

---

7) 자가품질위탁 시험·검사기관 조회는 식품의약품안전처 홈페이지-정책정보-시험검사기관 지정현황-식품 및 축산물 민간시험기관 현황-자가품질위탁 시험·검사기관을 검색하시면 됩니다.

신청구분	채취자	분석의뢰 접수	구비서류
자가품질검사용	주류 제조면허자	주류 제조면허자	1. 분석·감정의뢰서[8] 2. 주류견본 　① 견본은 병입 또는 포장단위로 동종 동질을 채취하되, 용기의 용량이 500㎖ 이상인 경우에는 3병, 500㎖ 미만 200㎖ 이상은 4병, 200㎖ 미만은 5병을 채취 　② 주류견본 채취표 부착[9] 3. 분석·감정 수수료 　① 현금 납부 불가 　② 전자수입인지 첨부

　수수료는 식품의약품안전처 고시에 준하며 정부전자수입인지를 구입하여 분석·감정의뢰서에 첨부합니다.

분석항목	수수료	비고
메탄올	23,400원	메탄올+알데히드 동시분석 28,400원
알데히드	23,400원	
보존료	43,000원	
납	76,700원	
염화물	8,600원	

　분석·감정의뢰 수수료 상당 인지대는 「식품의약품안전처 및 그 소속기관 시험·검사의뢰 규칙」 제8조 및 「식품·의약품분야 시험·검사 수수료에 관한 규정」(식약처 고시)에 근거합니다.

---

8) 부록 15. 주류 자가품질검사를 위한 분석·감정 의뢰서
9) 부록 16. 주류견본 채취표 참조

> **분석·감정의뢰 수수료 상당 인지대 계산방법 및 납부방법**
>
> ① 메탄올, 알데히드, 염화물 3항목을 신청할 경우 28,400원 + 8,600원 = 37,000원
> ② 사본 1부마다 : 500원(사본을 추가하지 않으면 성적서 1부 발급)

주류의 종류에 따라 분석·감정항목을 구분하여 신청하면 됩니다.

주류의 종류	분석항목
탁주, 약주	메탄올, 총산[*], 보존료[**]
청주	메탄올, 총산[*]
맥주	메탄올
과실주	메탄올, 보존료[**], 납(포도주에 한함)
소주, 위스키, 브랜디, 일반증류주	메탄올, 알데히드
리큐르, 기타주류	메탄올
주정	메탄올, 알데히드, 염화물 (2018년 12월부터 중금속 제외)

* 2019년 7월 25일부터 탁주·약주·청주의 총산 규격 삭제(2019.7.25. 이후 제조한 주류부터 적용)
** 「식품등의 자가품질 검사항목 지정」(식약처 고시)에 따라 보존료를 사용하지 않은 경우 보존료 검사
를 생략할 수 있음

분석·감정의뢰서를 작성하고 주류견본채취표를 작성하여 견본에 부착하고 병마개를 봉합니다. 정부수입인지를 첨부하여 택배로 국세청 주류면허지원센터에 송부하면, 센터에서 분석감정한 후 민원인에게 우편으로 통보를 해줍니다.

> 보내는 곳 :
> (우: 63568) 제주특별자치도 서귀포시 서호북로 36 국세청 주류면허지원센터
> 　　　　　　분석감정과 (☎064-730-6251~5)

주류 품목제조보고

1 [주류제조면허 공통] 주류를 제조·판매하는 경우 품목제조보고서를 제출하라고 합니다. 작성방법을 알려주세요

식품위생법 시행규칙 제45조에 의해 제품별로 품목제조보고를 실시하게 되어 있습니다. 식품의 유형, 제품명, 소비기한(품질유지기한), 원재료명, 용도 및 용법, 보관방법, 포장재질, 포장방법, 성상이 다를 경우 제품명이 다르게 구분하여 신고하도록 하고 있습니다.

제조하려는 주류 각각에 대해 〈식품위생법 시행규칙〉 별지 제43호 서식[10]에 따라 작성한 품목제조보고서를 제품생산 시작 전이나 시작 후 7일 이내에 작성하여 제출하면 됩니다.

주류의 식품의 유형은 12개로 구분하고 있으며, 탁주, 약주, 과실주, 리큐르, 맥주(소규모 포함), 일반증류주, 소주, 위스키, 브랜디, 청주, 기타주류, 주정 등으로 구분합니다.

---

10) 부록 13. 식품·식품첨가물 품목제조보고서

〈식품등의 표시기준〉은 아래와 같습니다.

〈식품등의 표시기준〉

- 소비기한 : 식품 등에 표시된 보관방법을 준수할 경우 섭취하여도 안전에 이상이 없는 기한

  (소비기한 영문명 및 약자 예시 : Use by date, Expiration date, EXP, E)

  – 소비기한 표시대상 : 탁주, 약주 및 맥주

  (다만, 맥주는 품질유지기한으로도 표시할 수 있음)

- 품질유지기한 : 식품의 특성에 맞는 적절한 보존방법이나 기준에 따라 보관할 경우 해당식품 고유의 품질이 유지될 수 있는 기한 (품질유지기한 영문명 및 약자 예시 : Best before date, Date of Minimum Durability, Best before, BBE, BE)

- 제조일 : 포장을 제외한 더 이상의 제조나 가공이 필요하지 아니한 시점(제조일 영문명 및 약자 예시 : Date of Manufacture, Manufacturing Date, MFG, M, PRO(P), PROD, PRD)

  – 제조일 표시대상 : 청주, 과실주, 소주, 위스키, 브랜디, 일반증류주, 리큐르, 기타주류, 주정

품목제조보고서의 기재사항은 다음과 같습니다.

항목	내용
영업소	주류제조장 기재
명칭	주세법에 의해 면허증과 동일한 상호명 기재
영업등록번호	식품위생법령에 의한 영업등록증상 부여된 번호
소비기한·품질유지기한	식품 등에 표시된 보관방법을 준수할 경우 섭취하여도 안전에 이상이 없는 기한
제품명	개개의 제품을 나타내는 고유의 명칭
원재료	식품 또는 식품첨가물의 제조·가공 또는 조리에 사용되는 물질로서 최종제품 내에 들어 있는 것
배합비율	정제수를 포함하여 사용되는 모든 원료의 명칭 및 함량
성분명	제품에 따로 첨가한 영양소 또는 비영양소이거나 원재료를 구성하는 단일 물질로서 최종제품에 함유되어 있는 것
용도 용법	제품의 사용 목적 및 방법 기재
보관방법 및 포장재질	제품의 특성에 따라 품질 및 안전성에 영향을 미치지 않고 보관할 수 있는 방법 기재
포장방법 및 포장단위	제품의 특성에 따라 품질 및 안전성을 고려하여 식품 또는 식품첨가물을 넣거나 싸는 방법 및 그 포장 단위 기재 * 포장방법의 예 : 레토르트 파우치, 캔 주입, 병 주입, 살균, 멸균 주입 * 포장단위의 경우 동일제품(동일원료, 제조공정 및 품질이 같은 경우)인 경우는 한 품목에 모든 용량을 기재
성상	육감에 의해 판단할 수 있는 제품 고유의 특징 * 예 : 무색 투명한 인삼향의 맑고 점질성이 없는 액체
고열량·저영양 식품 해당 여부	

식품 · 식품첨가물 품목제조보고서 (탁주 예시)

보고인	성명　○○○		생년월일(법인등록번호)○○년 ○○월 ○○일
	주소　○○도 ○○시　○○로 ○○		전화번호 0XX-XXXX-XXXX
			휴대전화 01X-XXXX-XXXX

영업소	명칭(상호)　○○○○ 양조회사	영업등록번호　제 ○○○○ 호
	소재지　○○도 ○○시　○○로 ○○ (○○동)	

제품정보	식품의 유형 **탁주(살균제품일 경우 살균탁주)**	요청하는 품목제조보고번호 제 ○○○○-○○○ 호
	제품명　○○○○막걸리(탁주)	
	소비기한　　　　　　제조일부터　　○○ 일(월, 년) 품질유지기한　　　　제조일부터　　　　일(월, 년)	
	원재료명 또는 성분명 및 배합비율 **쌀 ○○%, 국 ○○%, 효모 ○○%, 아스파탐 ○○%, 정제수○○%** (예시이며, 실제 사용한 원료(정제수 포함) 함량 계산하여 기재)	
	용도 용법	
	보관방법 및 포장재질 **보관방법 : 예시 1) 냉장보관, 예시 2)'직사광선을 피하고 서늘한 곳에 보관' 가능** **포장재질 : PET(폴리에틸렌, 유리 등)**	
	포장방법 및 포장단위 750ml	
	성상　**미황색의 누룩냄새가 나는 액상 제품**	
	위탁생산 여부　　　　　　　　　　　　　　　　[ ]예　　[ ]아니오 ▪ 수탁 영업소의 명칭 및 소재지 : ▪ 수탁 영업소의 영업의 종류 : ▪ 위탁제조공정 :	
	품목의 특성 ▪ 고열량·저영양 식품 해당 여부　　　　　　　　　[ ]예　　[ ]아니오 ▪ 영유아용으로 표시해 판매하는 식품의 해당 여부　　[ ]예　　[ ]아니오 ▪ 고령친화식품으로 표시해 판매하는 식품의 해당 여부　[ ]예　　[ ]아니오 ▪ 살균·멸균 제품의 해당 여부　　　　　　[ ]비살균　[ ]살균 [ ]멸균	

기타	**알코올 도수 (%)**

「식품위생법」 제37조제5항 및 같은 법 시행규칙 제45조제1항에 따라 식품(식품첨가물) 품목제조 사항을 보고합니다.

　　　　　　　　　　　　　　　　　　　　　　　　　년　　　　　월　　　　　일

　　　　　　　　　　　　　보고인　　　　　　　　　　　　　(서명 또는 인)

○○지방식품의약품안전청장　　　　　　　　　　　귀하

② **[주류제조면허 공통] 원재료 배합비율을 구하는 방법은 어떻게 되나요?**

원재료 배합비율을 구할 때 정제수는 지하수와 수돗물을 포함한 명칭으로서 정제수 및 탁주 1L는 1kg으로 계산하며 비중은 1로 산정합니다.

배합비율 표시는 식품공전, 식품첨가물공전에 사용기준이 정해진 원재료 또는 성분만 해당합니다. 그 외의 원재료는 배합비율을 작성하지 않아도 됩니다.

사용량 및 원재료명 관련 계산식을 사례로 볼까요?

구분	총사용량(kg)	비율(%)	계산방법
	4525	100.0	
쌀	227	5.0	1. 쌀 $= \dfrac{227}{4525} \times 100 = 5.0$
팽화미	423	9.3	2. 팽화미 $= \dfrac{423}{4525} \times 100 = 9.3$
효모	0.325	0.007	3. 정제수 $= \dfrac{3750}{4525} \times 100 = 82.9$
정제수	3750	82.9	
정제효소	0.05	0.001	4. 젖산 $= \dfrac{0.1}{4525} \times 100 = 0.002$
젖산	0.1	0.002	5.
⋮	⋮	⋮	6.
⋮	⋮	⋮	7.
⋮	⋮	⋮	
누룩	⋮	⋮	8.
올리고당	⋮	⋮	
아스파탐	⋮	⋮	9.

3 [주류제조면허 공통] 포장재질이 다른 경우에 품목제조보고는 어떻게 하나요?

원재료, 성분명 및 배합배율, 품질유지기한 등이 모두 동일하나 포장재질만 다른 경우에는 동일한 제품명으로 품목제조보고를 해야 합니다.

다만, 포장재질별 라인(병, 페트, 케크 등)이 분리되는 단계에서 주입공정까지 과정 중에 각각 다른 제조공정이 있는 경우 재질별로 품목제조보고가 가능합니다.

4 [주류제조면허 공통] 유통기한(품질유지기한)이 다른 경우에 품목제조보고는 어떻게 하나요?

유통기한은 포장재질, 보존조건, 제조방법, 원료배합비 등 제품특성과 기타 유통실정을 고려하여 실험을 통해 설정되므로, 원재료, 배합비율 등이 같더라도 유통기한(품질유지기한)이 상이한 경우에는 별도로 품목제조보고를 하는 것이 적절할 것 같습니다.

5 [주류제조면허 공통] 소비기한 설정을 객관적인 자료에 근거하여 그 사유를 제출하려고 합니다. 서식이 별도로 있나요?

기 제출된 식품과 유사한 제품으로서 소비기한을 인정한 사례가 있다면 굳이 '소비기한 설정사유서'가 필요치 않으나, 행정기관에서 소비기한을 정한 사유를 원할 경우 서식(부록 18 참조)에 따라 작성하고, 소비기한 설정실험 결과보고서를 첨부하면 됩니다.

소비기한 설정 실험은 〈식품, 식품첨가물, 축산물 및 건강기능식품의 유통기한 설정기준〉에 근거하여 의뢰할 검체 재료와 함께 의뢰서를 지정된 시험기관에 의뢰하여 그 결과보고서를 받아볼 수 있습니다.

⑥ [주류제조면허 공통] 품목제조(변경)보고가 의무사항인가요, 만약 이를 지키지 않았을 경우 어떤 조치가 내려지나요?

식품위생법 시행규칙 제45조, 제46조에 따라 품목제조보고서는 제품생산 시작 전이나 시작 후 7일 이내에 작성하여 제출하도록 정해져 있습니다. 만약 기보고된 품목제조보고를 변경하려는 경우에도 변경 보고대상 항목에 대해 식약처에 변경보고를 해야 합니다.

이때 최종제품에 남지 않은 원재료도 품목제조보고에 포함되어야 합니다. 다만, 식품등의 표시기준에 따라 객관적으로 입증할 수 있는 경우에 해당하는 원재료는 생략할 수 있습니다.

품목제조보고를 하지 않거나 원료 등이 변경되었는데 품목제조 변경보고를 하지 않을 경우 식품위생법 제101조(과태료) 제2항제3호 및 같은 법 시행령 제67조(과태료의 부과기준) [별표2] 과태료의 부과기준2. 개별기준, 바.항에 따라 품목별 과태료 200만 원을 부과받게 됩니다.

만약 영업자가 과태료 부과 처분을 받아들일 수 없거나 납득하기 어렵다면 불복하는 내용으로 의견을 제출할 수 있습니다. 이는 '비송사건절차법'에 따라 관할 법원(과태료를 부과받은 자의 주소지 관할 지방법원)에 관련 서류 일체를 송부하고 과태료는 형사법에 해당하므로 법원에서 과태료 재판을 통해 결정하게 됩니다.

[주류제조면허 공통] 주류제조방법을 변경하거나 추가로 개발한 경우 사전 승인을 받아야 한다는데, 어디에 신청하는 건가요?

주류를 제조할 때는 그 제조방법에 대해 사전에 신청을 해야 합니다. 주류의 경우 신규, 변경, 추가 모두 다 해당하며 관할 세무서장에게 제조방법 신청서를 제출하고 제조방법 적합승인을 받은 다음 주류를 제조해야 합니다.

앞부분에서 주류면허신청 시 제조방법신청을 작성한다는 것을 설명드린 바 있는데요. 제조방법을 변경 또는 추가할 때에도 예정일 15일 전에 승인신청을 해야 합니다. 예를 들어 주원료의 사용량 변경, 첨가물료의 추가 또는 변경, 발효제의 변경 등은 중요한 변경사항이므로 반드시 관할 세무서장에게 제조방법 승인신청을 해야 하는 것입니다.

만약 제조방법을 신청하지 않고 주류를 제조할 경우 제조정지 또는 출고정지 등의 불이익을 받을 수 있습니다.

 여기서 잠깐!

주류 제조방법 변경 절차 간소화

(현행)
현재 「주세법 시행령」 제65조 규정에 따르면 주류제조자가 승인받은 주류 제조방법을 변경하거나 추가하려는 경우 사전 승인이 필요합니다.

(개선)
단순한 원료 배합비율을 변경하는 경우나 알코올 도수를 변경하는 등 제품의 안전성에 영향을 끼치지 않는 경미한 제조방법의 변경 및 추가의 경우 신고사항으로 규정을 개정하였습니다.

(2020년 12월 시행령 개정)

주류제조의 **위생관리** 유의사항

1 [주류제조면허 공통] 주류 위생관리를 위해 준수해야 할 사항이 있다면 무엇인지요?[11]

항목	내용
수질검사	지하수를 사용하는 경우 6개월마다 수질검사를 실시해야 합니다.
제품관리	냉장제품은 품질 유지를 위해 냉장온도로 보관하고 운송해야 합니다.
위생복	개인위생 관리를 위해 제조작업 시 위생복과 위생모를 반드시 착용해야 합니다.
기록관리	생산 및 작업기록에 관한 서류 등 원료수불 및 제품 거래 기록 관리를 해야 합니다.
자가품질	자가품질검사를 6개월마다 1회 이상 검사하고 검사결과를 2년간 보관해야 합니다. ⇒ 주세법에 따라 주질감정을 받은 경우 자가품질검사를 실시한 것으로 인정함
건강진단	영업자와 종사자는 1년마다 한번씩 건강진단을 받아야 합니다
이물관리	이물이 검출되지 않도록 필요한 조치(보고 등)를 실시해야 합니다.

---

11) 식약처와 관련하여 영업자 및 종업원 준수사항은 '식품위생법 시행규칙' 제57조(별표 17) (식품제조·가공업자 및 식품첨가물제조업자와 그 종업원의 준수사항)을 준수하도록 규정하고 있음.
또한 식품위생법에 의한 '식품 등의 표시기준'에 따라 표시하게 되어 있음.

항목	내용
청소	작업장은 작업 후 항상 청결하게 관리해야 합니다.
원료관리	무허가·무표시·유통기한이 경과한 원료 등을 제조가공하지 않도록 관리해야 합니다.
위생교육	영업자 식품위생교육을 매년 이수해야 합니다.
생산실적보고	보고주기에 따라 매년 1월 31일까지 생산실적보고를 실시해야 합니다.

그 외 주류제조와 관련하여 식품의약품안전처 식품안전나라 홈페이지에서 이슈뉴스홍보교육–교육홍보자료실–교육자료–안전한 주류제조 코너를 보시면 다양한 정보가 있습니다.

 [주류제조면허 공통] 주류도 다른 식품제조가공과 같이 위탁제조가 가능한가요?

주류를 위탁제조하려면 위·수탁자 모두 위탁 제조 주류의 제조면허가 있어야 하며, 위탁받은 주류의 제조를 제3자에게 재위탁하지 않을 경우에만 가능합니다. 주류제조면허 외 다른 업종이 시설 및 작업장과 함께 사용할 경우 교차오염 등 주류 안전관리의 위해요소가 없는지 확인을 받게 됩니다.

식품위생법 시행규칙 별표14 업종별 시설기준

자. 시설기준 적용의 특례

3) 하나의 업소가 둘 이상의 업종의 영업을 할 경우 또는 둘 이상의 식품을 제조·가공하고자 할 경우로서 각각의 제품이 전부 또는 일부의 동일한 공정을 거쳐 생산되는 경우에는 그 공정에 사용되는 시설 및 작업장을 함께 쓸 수 있다. 이 경우 「축산물 위생관리법」 제22조에 따라 축산물가공업의 허가를 받은 업소, 「먹는물관리법」 제21조에 따라 먹는샘물제조업의 허가를 받은 업소, **「주세법」 제6조에 따라 주류제조의 면허를 받아 주류를 제조하는 업소** 및 「건강기능식품에 관한 법률」 제5조에 따라 건강기능식품제조업의 허가를 받은 업소 및 「양곡관리법」 제19조에 따라 양곡가공업 등록을 한 업소의 시설 및 작업장도 또한 같다.

여기서 잠깐!

타 제조업체의 제조시설을 이용한 주류의 위탁제조(OEM) 허용

주류 제조면허는 주류 제조장별로 발급되기 때문에 주류를 타 제조장에서 생산하는 방식의 위탁제조가 불가능했습니다.

[사례]

> ① 맥주의 종량세 전환에 따른 가격인하로 수요 증대가 예상되는 A 수제맥주 제조업체는 시설투자에 대한 불확실성 등의 문제로 아웃소싱을 검토하던 중 국내에서는 위탁제조가 불가능하여 증산 물량의 해외 생산·수입을 고려 중
> ② 생맥주를 제조·판매하는 B 수제맥주 제조업체는 캔맥주 형태로 제조·판매하고 싶으나, 캔입 시설투자 비용 부담으로 캔 제품을 출시하지 못하는 상황

(개선)

기획재정부와 국세청은 위 내용과 관련한 법령을 개정하여 제조시설을 갖추어 주류 제조면허를 받은 업체의 타사 제조시설을 이용한 위탁제조를 허용하고 있습니다.

단, 「주세법」상 제조시설 기준을 갖추어 특정 주류의 제조면허를 받은 사업자가 동종의 주류를 생산하는 주류제조자에게 위탁하는 경우에 한해서만 허용하고 있습니다.

이를 통해 제조시설의 효율적 활용을 통한 원가 절감, 해외 생산 물량의 국내 전환, 시설투자 부담 완화, 신속한 제품 출시 등을 기대해볼 수 있을 것입니다.

(2020년 12월 법령 개정)

[주류제조면허 공통] 영업자 및 종업원이 건강진단을 받아야 하는 항목은 무엇인가요?

주류제조면허를 받으려면 영업자 및 종업원은 지역보건소, 종합병원, 병원 또는 의원에서 건강진단을 받고 그 결과서를 제출해야 합니다.

건강진단 항목 및 횟수		
대상	건강진단 항목	횟수
식품 또는 식품첨가물(화학적 합성품 또는 기구 등의 살균·소독제는 제외한다)을 **채취·제조·가공·조리·저장·운반 또는 판매하는 데 직접 종사하는 사람.** 다만, 영업자 또는 종업원 중 완전 포장된 식품 또는 식품첨가물을 운반하거나 판매하는 데 종사하는 사람은 제외한다.	1. **장티푸스**(식품위생 관련 영업 및 집단급식소 종사자만 해당한다) 2. **폐결핵** 3. **전염성 피부질환**(한센병 등 세균성 피부질환을 말한다)	**매년 1회** (건강진단 검진을 받은 날을 기준으로 한다)

 [주류제조면허 공통] 주류를 제조해서 판매하다가 제품에서 이물질이 발견되었다는 소비자 신고를 접수받게 되었습니다. 어떻게 조치하면 되나요?

판매 목적으로 식품 등을 제조·가공·소분·수입 또는 판매하는 영업자는 소비자로부터 판매제품에서 식품의 제조·가공·조리·유통과정에서 정상적으로 사용된 원료 또는 재료가 아닌 것으로서 섭취할 때 위해가 발생할 우려가 있거나 섭취하기에 부적합한 물질(이물)을 발견한 사실을 신고받은 경우 지체없이 이를 식약처장, 시도지사 또는 시장·군수·구청장에게 보고해야 합니다(식품위생법 제46조).

소비자로부터 이물 발견 사실을 신고(전화, 전자문서 등 포함) 받은 날부터 7일 이내(토요일 및 법정 공휴일 제외)에 보고해야 합니다.

단, 이물 또는 증거제품(포장지 포함)이 없는 경우, 유통기한이 지난 제품을 신고한 경우(개봉된 제품에 한함), 이물 발견 후 10일 이상 지난 제품을 신고한 경우(개봉된 제품에 한함)에 해당할 경우 보고하지 않을 수 있습니다.

지방식약청에서 이물 발견의 신고를 통보받은 경우 이물혼입 원인조사를 위하여 필요한 조치를 하게 됩니다. 통상 보고된 내용을 접수한 날부터 7일 이내에 실시하며 추가조사나 성분분석 등의 특별한 사유로 연장할 수 있습니다.

주류제조자 또는 소비자가 조사기관이 실시한 이물 혼입 원인조사 결과에 대해 이의가 있을 때에는 조사기관으로부터 원인조사 결과를 회신받은 날부터 30일 이내에 식약처장에게 조사결과에 대해 평가를 요청할 수 있습니다.

만약 이물 발견사실을 보고하지 않거나 지연해서 보고할 경우 식품위생법 제46조를 위반한 것이 되어 과태료 부과대상이 될 수 있습니다.

위반사항	과태료 금액(단위 : 만 원)		
	1차 위반	2차 위반	3차 위반
소비자로부터 이물 발견신고를 받고 보고하지 않은 경우	300	300	300
소비자로부터 이물 발견신고를 받고 보고를 지체한 경우	100	200	300

또한 법 제46조제1항을 위반하여 소비자로부터 이물 발견의 신고를 접수하고 이를 거짓으로 보고한 자, 이물의 발견을 거짓으로 신고한 자는 1년 이하의 징역 또는 1천만 원 이하의 벌금을 받게 됩니다(식품위생법 제98조).

5 **[주류제조면허 공통]** 식품제조·가공업자가 영업자로서 준수해야 할 사항 중 이물 관련 사항은 어떤 것이 있나요?

식품제조·가공업자는 이물이 검출되지 않도록 필요한 조치를 해야 하고, 소비자로부터 이물 검출 등 불만사례 등을 신고 받은 경우 그 내용을 기록하여 2년간 보관해야 합니다. 또 소비자가 제시한 이물과 증거품(사진, 해당식품 등)은 6개월간 보관하여야 합니다. 다만, 부패·변질될 우려가 있는 이물 또는 증거품은 2개월간 보관할 수 있습니다.

이물 기록 및 보관의무를 준수하지 않았을 경우 아래와 같은 행정처분(과태료 포함)을 받을 수 있음을 유의하시기 바랍니다.

이물기록 및 보관의무 미준수

(식품위생법 제44조 및 수입식품안전관리 특별법 제18조 위반)

위반사항	행정처분기준(과태료 금액)			
	업종	1차	2차	3차
- 이물 검출 등 불만사례 등을 신고 받은 경우 그 내용을 기록하여 2년간 보관하여야 하나 이를 위반한 경우 - 소비자가 제시한 이물과 증거품(사진, 해당식품 등)을 6개월간 보관하지 않은 경우(부패·변질 우려가 있는 이물 또는 증거물의 경우 2개월간 보관 가능)	식품제조·가공업 식품첨가물제조업 식품소분업 유통전문판매업	시정명령	영업정지 5일	영업정지 10일
	수입식품등 수입·판매업	30만 원	60만 원	90만 원

이물 혼입(식품위생법 제7조 위반)

업종	위반사항	행정처분기준		
		1차	2차	3차
식품제조·가공업 식품첨가물제조업 식품소분업 유통전문판매업	1) 기생충 및 그 알, 금속 또는 유리의 혼입	품목제조정지 7일 과 해당제품폐기	품목제조정지 15일 과 해당제품폐기	품목제조정지 1개월과 해당제품 폐기
	2) 칼날, 동물(쥐 등 설치류 및 바퀴벌레)의 사체의 혼입	품목제조정지 15일 과 해당제품폐기	품목제조정지 1개월 과 해당제품폐기	품목제조정지 2개월과 해당제품 폐기
	3) 1) 및 2) 외의 이물의 혼입	시정명령	품목제조정지 5일	품목제조정지 10일
수입식품등 수입·판매업	1) 기생충 및 그 알, 금속 또는 유리의 혼입	영업정지 3일과 해당제품 폐기	영업정지 5일과 해당제품 폐기	영업정지 10일과 해당제품 폐기
	2) 칼날, 동물(쥐 등 설치류 및 바퀴벌레)의 사체의 혼입	영업정지 5일과 해당제품 폐기	영업정지 10일과 해당제품 폐기	영업정지 20일과 해당제품 폐기
	3) 1) 및 2) 외의 이물의 혼입	시정명령	영업정지 3일	영업정지 5일

6 [주류제조면허 공통] 식품제조·가공업자로서 보고 대상이 되는 이물의 범위는 어떻게 되나요?

1) 섭취과정에서 인체에 직접적인 위해나 손상을 줄 수 있는 재질이나 크기의 이물로서 3mm(밀리미터) 이상 크기의 유리·플라스틱·사기 또는 금속성 재질의 물질

2) 섭취과정에서 혐오감을 줄 수 있는 이물로서, 쥐 등 동물의 사체 또는 그 배설물, 파리, 바퀴벌레 등 곤충류(발견 당시 살아 있는 곤충은 제외), 기생충 및 그 알

3) 그 밖에 인체의 건강을 해칠 우려가 있거나 섭취하기에 부적합한 이물로서 컨

베이어벨트 등 고무류, 이쑤시개(전분재질은 제외) 등 나무류, 돌·모래 등 토사류, 그 밖에 식약처장이 인정하는 이물

 [주류제조면허 공통] 주류제조업자와 종업원이 준수해야 할 사항은 어떤 것이 있나요?

식품위생법 제44조제1항 및 같은 법 시행규칙 제57조 및 별표17에 영업자의 준수사항이 있습니다.

1) 생산 및 작업기록에 관한 서류와 원료의 입고·출고·사용에 대한 원료수불 관계 서류를 작성하고 해당 서류는 최종 기재일부터 3년간 보관해야 합니다.(원료수불관계서류 작성)

□ 원료관리	(예시 : 원료수불부)
1. 기록유지(원료수불부) 작성 – 수기 작성 또는 전사적 회계관리 시스템(ERP) 등 전산관리 2. 입고일자(출고일자), 구입처, 원료명, 입고량, 사용량, 재고량, 사용처 3. 원료에 대한 주기적인 손실 관리 4. 창고 내 선입선출(FIFO) 관리 5. 유통기한 경과 또는 폐기 대상 원료는 별도 구획 후 표시 관리 6. 유통기한 등 표시사항(라벨)은 제거하지 않고 최종 사용시까지 보관	(표 참조)

맥 아 (수 입)

입고일자	매입처	입고량(kg)	출고일자	사용제품	출고량(kg)	재고량(kg)	비고
2018.11.1	○○무역	1,000				1,000	두열산
			2018.11.2	1번 맥주	200	800	
			2018.11.3	2번 맥주	150	650	
			2018.11.5	3번 맥주	200	450	
			2018.11.7	4번 맥주	300	150	
2018.11.8	○○물산	1,500				1,650	미구산
			2018.11.9	1번 맥주	200	1,450	

2) 주류제조업자는 제품의 거래기록을 작성해야 하고, 최종 기재일부터 3년간 보관해야 합니다. (제품거래기록서 작성)

<table>
<tr><td colspan="2">

□ 제품거래기록서 작성

1. 영업자 준수사항
2. 일자, 거래처, 제품명, 거래량(중량, 개수), 제조일자 등
3. 이력추적관리, 회수관리 활용

</td><td colspan="2">(예시 : 거래내역서)</td></tr>
</table>

거래내역서

출고일자	거래처	제품명	포장단위	수량(병)	출고량(kg)	재고량(kg)	비고
2018.11.1			KEG(20)	100		2,000	입고(11.1.제고)
2018.11.1	OO호프	1호맥주	KEG(20)	10	200	1,800	
2018.11.1	OO카페	1호맥주	KEG(20)	10	200	1,600	
2018.11.2	□□호프	1호맥주	KEG(20)	5	100	1,500	
2018.11.2	ㄲㄲ호프	1호맥주	KEG(20)	10	200	1,300	
2018.11.2	AA호프	1호맥주	KEG(20)	20	400	900	
2018.11.1		1호맥주	500mL(병)	10,000		5,000	입고(11.1.제고)
2018.11.1	OO슈퍼	1호맥주	500mL(병)	1,000	500	4,500	
2018.11.1	□□마트	1호맥주	500mL(병)	1,000	500	4,000	
2018.11.1	OO마켓	1호맥주	500mL(병)	2,000	1,000	3,000	
2018.11.1	AA마트	1호맥주	500mL(병)	500	250	2,750	

3) 유통기한이 경과된 제품·식품 또는 그 원재료를 제조·가공·판매의 목적으로 운반·진열·보관하거나 이를 판매 또는 식품의 제조·가공에 사용해서는 안되며, 해당 제품·식품 또는 그 원재료를 진열·보관할 때에는 폐기용 또는 교육용이라는 표시를 명확하게 해야 합니다.

4) 주류제조업자는 이물이 검출되지 않도록 필요한 조치를 해야 하고, 소비자로부터 이물 검출 등 불만사례 등을 신고 받은 경우 그 내용을 기록하여 2년간 보관해야 합니다. 이 경우 소비자가 제시한 이물과 증거품(사진, 해당 식품 등)은 6개월간 보관하여야 합니다. 다만, 부패하거나 변질될 우려가 있는 이물 또는 증거품은 2개월간 보관할 수 있습니다.

5) 그 외 제조공정 기록 유지를 위해 생산작업일지를 작성해두면 좋습니다.

□ 제조공정 기록(생산작업일지)
 	
1. 주류의 특성을 반영한 생산작업일지
2. 제조일자별 (Lot 관리)
3. 제품명, 제조기간, 원료 및 사용량,
   제조량, 수율 등 기록
4. 공정기록(온도, 시간, 압력 등)→안전
   하게 제조되었는가 체크하기 위함
5. 제조단위별로 기록 관리
	(예시 : 생산·작업일지)
	
	생산·작업일지

생산·작업일지

					담 당	결 재
					이사원	김공장

제 품 명		1번 맥주		제 조 번 호		1825
① 맥아 분쇄	맥아투입	100kg	생산량	99.5kg	수율(%)	99.5
	공정 담당자	이사원	시작시간	09:00	종료시간	11:00
② 담화	맥아분말	99.5kg	정제수(ℓ)	200		
	온도(℃)	25	시간(hr)	24		
	공정 담당자	김사원	시작시간	11:00	종료시간	익일11:00
③ 여과	생산량	190kg				
	공정 담당자	박사원	시작시간	11:00	종료시간	13:00
④ 끓임	홉 투입	1	온도(℃)	105	시간(hr)	2
	공정 담당자	이사원	시작시간	13:00	종료시간	15:00
⑤ 원심분리	생산량					
	공정 담당자	박사원	시작시간	15:00	종료시간	16:00
⑥ 냉각	온도(℃)	10	시간(hr)	19		
	공정 담당자	김사원	시작시간	16:00	종료시간	익일09:00
⑦ 발효	효모투입	1kg	온도(℃)	25	시간(hr)	24
	공정 담당자	이사원	시작시간	09:00	종료시간	익일09:00
⑧ 정제(효모제거)						
	공정 담당자	박사원	시작시간	11:00	종료시간	13:00
⑩ 병입	병입일자	2018.11.14				
	생산량	300ml	0,000병			
		500ml	0,000병			
		KEG(20ℓ)	000개			
	공정 담당자	김사원	시작시간	13:00	종료시간	18:00

식품위생법 시행규칙 제56조에 따라 식품 및 식품첨가물의 생산실적 보고를 해당 연도 종료 후 1개월 이내에 해야 합니다(서식 부록 20 참조). 제출방법은 식품안전나라를 통하거나 지방식약청에 우편으로 제출 가능합니다. 만약 기한 내 제출하지 않으면 과태료 30만 원이 부과될 수 있으니 주의하시기 바랍니다.

주류제조면허를 받을 때 **유의사항**

1 주류의 판매용 용기는 정해진 크기가 있나요?

탁주, 약주의 판매용기는 기존 2ℓ 이하에서 5ℓ 이하로 그 기준을 완화하였습니다. 또한 잡세증명표시 부착 의무가 있는 탁주·약주의 판매용기 규격도 5ℓ 초과할 경우에만 적용하는 것으로 완화하였습니다.(「주류의 제조, 저장, 이동, 원료, 설비 및 수량 등에 관한 명령위임 고시」 제11조, 「주세 납세증명표시에 관한 주류제조자가 지켜야할 사항 고시」 제2조, 2021. 5. 14. 개정)

다만, 실수요자의 주소지 또는 사업장 관할 세무서장으로부터 실수요자 증명(서식 부록 25, 주세사무처리규정 별지 제61호 서식)을 받은 길흉사 관련인 및 농어민 등에게는 10ℓ 이상의 용기에 담아 공급할 수 있도록 허용하고 있습니다.

또 유리병 및 금속제 용기를 제외한 용기는 재사용을 하지 못하도록 하고 있는데, 길흉사 및 농·어민 등 실수요자용으로 제작한 10ℓ 이상인 탁·약주 용기는 재사용이 가능합니다.

② 주류의 용기주입시설을 갖추지 않은 주류제조자가 용기주입만 위탁할 수 있나요?

소규모맥주 제조면허를 가진 자가 맥주의 병 용기 시설은 갖추고 있으나 캔 용기주입시설은 없다고 칩시다. 이 경우 캔 용기주입시설을 보유한 업체에 외주 용역을 주어 캔에 담긴 주류를 제조할 수 있는지 궁금하다는 것입니다.

결론부터 말씀드리면, 주류의 용기주입을 타인에게 위탁하는 행위는 면허 취소사유에 해당됩니다.

주류의 용기주입은 그 자체만으로 제조행위에 해당하므로 면허 없는 자가 주류의 용기주입 행위를 하는 것은 무면허 제조행위에 해당하며, 제조과정의 일부를 타인에게 위탁하는 것은 생산되는 제품의 제조원가 및 판매수익을 수탁자와 사실상 공유하는 것이라 할 수 있으며, 만약 이를 동업행위로 볼 수 없다 하더라도 본인에게 부여된 주류 면허를 대여한 행위로 보아 면허 취소 사유가 됩니다.

 여기서 잠깐!

타사 제조시설을 이용한 위탁제조

제조시설을 갖추어 주류제조면허를 받은 업체의 타사 제조시설을 이용한 위탁제조를 허용하였습니다.

단「주세법」상 제조시설 기준을 갖추어 특정 주류의 제조면허를 받은 사업자가 동종의 주류를 생산하는 주류제조자에게 위탁하는 경우에 한해서만 허용하였습니다.

(주류면허법 및 시행령 개정)

주류 제조면허를 가진 사업자가 용기주입제조장을 따로 설치하려면 어떻게 하나요?

주류 제조면허 사업자는 관할 세무서장의 허가를 받아 해당 주류를 용기에 넣는 용기주입제조장을 따로 설치할 수 있습니다. 이 경우 주류를 용기에 넣는 행위를 주세법에서는 주류 제조로 보고 있으며, 용기주입제조장은 주류 제조장으로 봅니다(주류면허법 제3조3항).

용기주입제조장 허가신청을 위해 필요한 서류는 다음과 같습니다.

용기주입제조장 허가신청(관할 세무서)
1) 용기주입제조장 설치허가 신청서(서식 부록 4)
2) 사업계획서
3) 제조시설·설비 등 설명서 및 용량표
4) 제조공정도 및 제조방법 설명서
5) 임대차계약서 사본
6) (법인의 경우) 정관, 주주총회 또는 이사회 회의록
7) (공동사업인 경우) 동업계약서 사본

4 **[주류제조면허 공통] 주류의 담금·저장·제성용기의 재질은 어떤 것을 사용해야 하나요?**

주류의 담금·저장·제성용기 중 합성수지 용기는 「식품·의약품분야 시험·검사 등에 관한 법률」에 따른 식품 등 시험·검사기관의 시험분석에서 사용적격 판정을 받은 것을 사용해야 합니다.

5 [주류제조면허 공통] 제조장 내 제조시설을 운영하다가 제조시설 및 용기를 신설·확장·개량하는 것도 가능한가요?

네, 주류제조용기를 폐기하거나 추가하는 등 변동사항이 발생한 날로부터 20일 이내 관할 세무서장에게 신고하고, 용기를 추가한 경우 용기검정을 받은 다음 사용해야 합니다. 이때 제조 및 판매설비 신고서(서식 부록 11)와 용기 추가 시 용기검증신청서(서식 부록 12)를 제출해야 합니다.

주류의 제조, 저장, 이동, 운반에 사용되는 용기는 관할 세무서로부터 검정을 받아야 하며, 배부한 용기검정부를 제조장에 비치하고 용기마다 아래와 같이 표기해야 합니다.

〈주류용기의 검정 – 국세청 고시 제2019-07호〉

| 제○○호 |
| 용량 |
| 검정연월일 |

20~40cm

30~50cm

※ ○○에는 밑술, 술덧, 당화, 발효, 제성, 검정, 저장, 운반 등의 용도를, 숫자는 아라비아 숫자를 기입한다.

6 [주류제조면허 공통] 주류제조와 관련하여
면허가 제한되는 경우도 있나요?

주류면허법 제7조에서는 다음과 같은 경우에 관할 세무서장은 면허를 발급하지 않거나 신고를 수리하지 않고 있습니다. 따라서 주류제조업을 하려는 개인이나 법인의 대리인, 임원, 지배인이 아래의 사항에 속하지 않는지 사전에 체크하는 것이 좋습니다.

주류면허법 제7조
• 면허가 취소된 후 2년이 지나지 아니한 경우
• 국세 또는 지방세를 체납한 경우
• 국세 또는 지방세를 50만 원 이상 포탈하여 처벌 또는 처분을 받은 후 5년이 지나지 아니한 경우(대리인, 임원, 지배인 포함)
• 「조세범 처벌법」에 따라 처벌을 받은 후 5년이 지나지 아니한 경우(대리인, 임원, 지배인 포함)
• 주류제조 관련 법령에 관하여 금고 이상의 실형으로 집행이 끝나거나 집행이 면제된 날부터 5년이 지나지 아닌한 경우(대리인, 임원, 지배인 포함)
• 금고 이상의 형으로 집행 유예기간 중에 있는 경우(대리인, 임원, 지배인 포함)
• 면허 신청인이 파산선고를 받고 복권되지 아니한 경우

신청인 및 소재지에 최근 2년 내 식품위생법상 등록 취소 또는 영업소가 폐쇄된 주류제조가공업의 영업자 및 소재지에 해당되지 않는지 사전 확인이 필요합니다.

 7 [주류제조면허 공통] 외국인이 면허신청을 하는 경우
영업등록 신청이 가능한 체류조건은 무엇인가요?

외국인의 경우 외국인 등록증에 기재된 체류조건을 확인할 필요가 있습니다. 담당공무원이 현장조사 시 또는 서류 제출 시 원본 확인을 할 것입니다.

(외국인등록증 예시)

※ 영업등록신청이 가능한 체류자격

– 기업투자(D-8), 무역경영(D-9), 거주(F-2), 재외동포(F-4), 영주(F-5), 결혼이민(F-6) 등
– 타 체류자격에 대하여는 출입국·외국인정책본부(체류관리과)로 문의

⑧ [주류제조면허 공통] 면허 신청 시 상호명은 영문으로 작성해도 되나요?

주류제조면허증, 사업자등록증, 법인등록증의 상호와 일치해야 합니다. 상호(명칭)는 영문명 또는 외국어로만 상호를 정할 수 없으므로 '영문 상호'로 주류제조면허를 득한 경우 '한글업소명을 병기'하여 등록해야 합니다.(등록증 이면에 영문명, 면허번호, 사업자등록번호를 기재하여 보완)

■ 「식품위생법」에 명칭(상호)에 대한 외국어 규정은 없으나,
– 「식품등의 표시기준」 II. 공통표시기준, 1. 표시방법, 나.항은 '표시는 한글로 하여야 하나~'로 규정하고 있으며,
– 「별지1」 세부규칙의 업소명 및 소재지는 '영업신고 시 신고관청에 제출한 업소명 및 소재지를 표시하여야 한다'는 규정에 따라 상호(명칭)을 외국어로 표기하는 경우 법령 위반에 해당함

※ 국세청은 업소명을 영문명 등으로 기재하는 것에 대한 관련 규제 기준을 갖고 있지 않음.

9 **[주류제조면허 공통] 주류 제조방법을 변경 또는 추가하려면 어떤 절차를 밟아야 하나요?**

　주류에 대한 제조방법 변경(신규 포함) 또는 추가하고자 하는 때에는 예정일 15일 전에 관할 세무서장에게 제조방법 신청서를 제출하고 제조방법 적합승인을 받은 후 주류를 제조해야 합니다.

　주원료의 사용량 변경, 첨가물료의 추가 또는 변경, 발효제의 변경 등은 중요한 변경사항이므로 반드시 관할 세무서장에게 제조방법 승인신청을 해야 합니다.

　제조방법 승인 후에 식약처 품목제조보고서를 작성할 때에도 원료량, 첨가재료 종류 등을 제조방법신청서와 동일하게 신고해야 합니다.

　각 주류 제품은 원료·첨가물의 종류 및 사용량이 주세법에 의한 규격 및 식품공전에서 규정한 기준·규격에 적합하게 제조하여야 합니다. 허용되지 않은 원료·첨가물을 사용하거나 허용된 사용기준을 초과한 경우 제조정지 및 해당 제품이 폐기될 수 있으므로 주의하시기 바랍니다.

 여기서 잠깐!

주류 제조방법 변경 절차 간소화

주류제조자가 승인받은 주류 제조방법을 변경하거나 추가하려는 경우 사전 승인이 필요했습니다.

(개선)
단순한 원료 배합비율을 변경하는 경우나 알코올 도수를 변경하는 등 제품의 안전성에 영향을 끼치지 않는 경미한 제조방법의 변경 및 추가의 경우 신고사항으로 규정을 개정하였습니다.

(주류면허법 시행령 제37조)

[주류제조면허 공통] 주류제조자가 공동으로 주류제조를 하려면?

주류 제조면허를 받은 자 2명 이상이 공동으로 주류를 제조하려면 기존 주류 제조면허에 대한 취소신청을 하고 새롭게 공동면허를 관할 세무서에 신청해서 공동 주류 제조면허를 받아야 합니다(주류면허법 제3조4항).

단, 공동면허를 받을 수 있는 자는 **탁주** 또는 **약주** 제조자만 가능합니다(주류면허법 시행령 제5조1항).

또 공동 주류 제조면허를 가지고 사업을 영위하다가 공동사업을 접을 때에도 관할 세무서장에게 공동면허의 취소신청을 해야 하며, 공동면허를 받았던 자가 종전의 주류 제조면허로 되돌리고 싶다면 종전 면허를 다시 신청해야 합니다.

일반주류제조자의 주류유통 흐름도

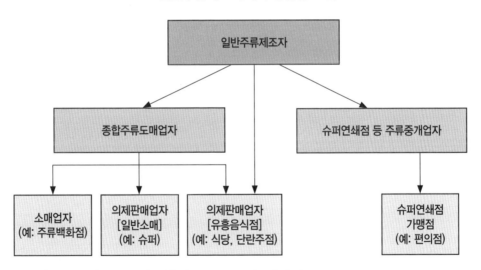

1. 일반주류제조자(특정주류제조자[4] 및 소규모 주류제조자 제외)
2. 지역별로 종합주류도매면허 수는 제한됨
3. 인터넷판매(통신판매) 불가
4. 특정주류제조자 : 탁주·약주·청주, 전통주

특정주류제조자의 주류유통 흐름도

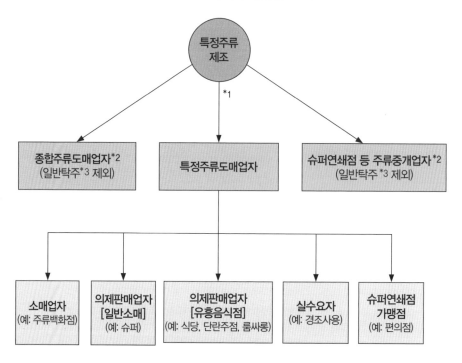

- 특정주류제조자 : 탁주 · 약주 · 청주, 전통주
- 전통주(민속주, 지역특산주) 제조자는 최종소비자 및 국세청장이 전통주를 판매하도록 승인한
  주류제조자에게 판매가 가능(주류의 통신판매에 관한 명령위임 고시에 따라 인터넷 판매 가능)

*1 특정주류도매업자를 거치지 않고도 음식점 등에 직접 판매가능함(*4의 거래형태 슈퍼연쇄점 가맹점 제외)
*2 종합주류도매업자 및 슈퍼연쇄점 등 주류중개업자 : 일반주류제조자의 흐름도와 동일
*3 일반탁주 : 살균탁주 이외의 탁주를 말함
*4 특정주류제조자 : 슈퍼연쇄점 가맹점 직거래 불가

11 [주류제조면허 공통] 병입한 술병에 상표를 부착해야 하는데, 상표신고 방법과 상표명을 정할 때 알아야 할 사항이 무엇인가요?

상표신고와 관련해서는 국세청 고시(주류의 상표사용에 관한 명령위임 고시)와 식약처 소관 법률인 「식품등의 표시·광고에 관한 법률」을 참고하시면 됩니다.

관할 세무서에 상표 신고(2일 전까지)

주류제조자가 판매하기 전 관할 세무서에 해당 주류의 출고가격 및 상표 사용 또는 변경하는 경우 사용개시 2일 전까지 제조장 관할 세무서장에게 신고해야 합니다.

 여기서 잠깐!

관할 세무서에 주류 가격 신고

주류 제조자는 탁주 및 맥주를 제외한 주류에 대해 가격을 변경하거나 신규로 제조하여 반출하는 경우 주류 가격의 변경일(신규 제조한 주류는 그 주류의 반출일)이 속하는 분기의 다음 달 25일까지 그 가격을 국세청장에게 신고해야 합니다. 주류 제조자(위탁 제조하는 경우에는 주류 제조 위탁자를 말한다) 및 주류를 수입하는 면허자는 상표를 사용하거나 변경할 경우 사용 개시 2일 전까지 관할 세무서장에게 신고해야 합니다. 단, 외국으로 반출하는 주류의 상표를 단순 변경하거나 또는 수입주류를 「관세법」에 따라 수입하는 경우에는 생략할 수 있습니다.(주류면허법 제18조 참조)

주류의 상표명은 주류의 종류 및 상표법 제34조(상표등록을 받을 수 없는 상표)에 어긋나지 않도록 해야 하며, 소비자가 주류구분에 혼동하지 않도록 주의해야 합니다.

[상표 등록 절차]

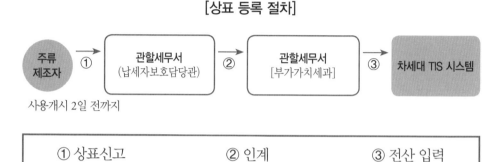

사용개시 2일 전까지

| ① 상표신고 | ② 인계 | ③ 전산 입력 |

그외 상표와 관련된 규정은 「식품등의 표시·광고에 관한 법률」에 따라 제작하면 됩니다.

포도주 및 증류주의 지리적 표시는 해당 지리적 표시에 나타난 장소를 원산지로 하지 않은 포도주나 증류주에는 사용할 수 없고, 진정한 원산지가 표시되어 있거나 지리적 표시가 번역되어 사용된 경우 또는 '종류', '유형', '양식', '모조품' 등의 표현을 사용할 수 없습니다.

주류의 주상표	내용
용도구분 표시	1. 희석식소주, 맥주, RFID 적용 주류 : "가정용", "주세면세용"(또는 "면세주류") ※ 금속제용기 및 100㎖ 이하의 용기를 사용하는 주류는 가정용 표시 생략할 수 있으며 코팅병을 사용하는 경우 납세병마개 또는 보조상표에 표시할 수 있음. 2. 그 외의 주류 : "주세면세용"(주세면세용을 제외한 주류의 용도 구분 표시 생략 가능)
	1. 1.8 ℓ 이상 : 활자크기 24포인트 이상 2. 500㎖ 이상 : 활자크기 20포인트 이상 3. 300㎖ 이상 : 활자크기 16포인트 이상 4. 300㎖ 미만 : 활자크기 14포인트 이상
	1. 주세면세용 : 노란색 바탕에 파란색 글씨로 "면세주류" 표시 (코팅병을 사용하는 경우 바탕색을 다른 색으로 표시 가능) 2. 가정용 주류 : 적색 글씨(12포인트 이상)로 "음식점·주점 판매 불가" 경고문 표시 ※ "가정용", "주세면세용"의 경우 주류의 지상자 등 외포장에 폭 3㎝ 이상의 대각선으로 표시 3. 군납주류 : 노란색 바탕에 파란색 글씨(16포인트 이상, 고딕체)로 "군납" 표시 및 경고문 표시

표시사항(포장지) 제작 시 검토해야 할 사항

– 식품등의 표시기준(고시)

–식품등의 표시광고에 관한 법률(2019. 3. 14. 시행)

표시사항(식품등의 표시기준)

– 제품명, 식품유형(주종), 업소명 및 소재지, 제조연월일(병입일자, 제조번호, 소비기한, 품질유지기한), 내용량, 원재료명, 용기포장 재질, 품목보고번호, 성분명 및 함량(해당 경우 한함), 보관 방법, 주의사항(1399, 알레르기, 기타), 방사선 조사(해당 경우 한함), 유전자변형식품(해당 경우 한함), 에탄올 함량 등

기타

- 음주 경고문구(국민건강증진법)

- 19세 미만 청소년에게 판매금지(청소년보호법)

- 원재료 원산지 표시(농수산물품질관리법)

표시사항 관리(주표시면 및 정보표시면 구분)

주류표시면(앞면)   정보표시면(뒷면)

○ 주표시면

    – 상표, 로고 등이 표시되어 통상 소비자에게 보여지는 면

    – 제품명, 내용량은 반드시 주표시면에 기재

○ 정보표시면

    – 소비자가 쉽게 알아볼 수 있도록 표시사항을 모아서 표시하는 면

    – 유형, 상호 및 소재지, 제조일자(소비기한), 원재료명, 주의사항 등

 여기서 잠깐!

소주·맥주에 대한 대형매장용 용도구분 표시 폐지

(기존)

「주류의 상표사용에 관한 명령위임 고시」 제8조 규정에 따르면 희석식 소주·맥주는 유흥음식점용, 가정용, 대형매장용으로 용도가 구분되어 있으며, 상표에 용도별로 표시를 하도록 하고 있습니다. 이로 인해 가정용(슈퍼, 편의점, 주류백화점 등)과 대형매장용(대형마트)은 최종 소비자에게 판매되는 동일 제품임에도 불구하고 용도별 표시(가정용, 대형매장용) 및 재고 관리에 따른 비용이 발생한다는 업계의 의견이 많았습니다.

위스키 등 RFID(Radio Frequency IDentification, 무선주파수 인식)를 적용하는 주류는 가정용으로 통합하여 표시하고, 그 외 주류는 용도구분 표시를 생략할 수 있도록 하고 있습니다.

(개선)

기획재정부와 국세청은 위 내용과 관련한 고시를 개정하였고, 개정 내용은 희석식 소주·맥주의 용도별 표시(가정용, 대형매장용)를 '가정용'으로 통합하였습니다.

국산주류의 외포장 용도구분 시 스티커 첨부 허용

(기존)

외포장에 용도구분 표시를 하는 경우 수입주류에 한해서 특수접착제를 사용한 스티커를 첨부할 수 있습니다.

(개선)

국산주류도 수입주류와 같이 외포장 용도구분 표시를 하는 경우 특수접착제를 사용한 스티커 첨부를 할 수 있으므로 용도별 외포장 제작·관리 비용 등 납세협력 비용을 줄일 수 있게 됩니다.

(「주세사무처리규정」 개정)

소규모 주류제조면허의 취득

1 [소규모 주류제조] '하우스 맥주', '하우스 막걸리' 등을 제조해서
판매하고 싶은데, 행정기관에 어떤 면허와 영업등록을
해야 하나요?

통상 '하우스 맥주', '하우스 막걸리'라고 하는 술은 소규모주류 제조를 칭하는
경우가 많습니다.

주세법상 소규모주류제조자란 「주류면허법 시행령」에 따른 시설기준을 갖추
고 탁주, 약주, 청주, 맥주 또는 과실주를 제조하여 그 영업장에서 최종 소비자에
게 판매하거나 다른 사업자의 영업장에 판매할 수 있는 자를 말합니다.

이 사업을 영위하기 위해서는 우선 제조장 소재지 관할 세무서로부터 소규모
주류제조 면허를 받아야 하고, 또 술은 식품에 속하므로 식품의약품안전처에 식
품제조가공업 영업등록을 하는 등 크게 국세청과 식약처와의 행정절차를 거쳐
야 한다고 보시면 됩니다.

이렇게 제조장에 대한 사업 인가가 나면 술의 제조방법에 대한 승인을 받아야
합니다. 이후 주질 검사를 받고, 제품에 대한 품목제조보고를 하고 나면 출고하

여 판매가 가능하게 됩니다. 기본적인 절차는 위에서 설명 드린 주류 제조면허와 동일하다고 이해하시면 됩니다.

소규모 주류제조 면허 취득을 위한 순서
1. 식품(주류)제조가공업 등록 가능 여부 – 해당 지자체
2. 주류제조면허 신청 및 취득 – 해당지역 관할 세무서
3. 식품제조가공업 영업등록 – 해당지역 지방식약청
4. 주류 주질 분석 감정 의뢰 – 주류면허지원센터
5. 품목제조보고 – 해당지역 지방식약청
6. 자가품질 검사 – 6개월마다 검사, 검사 결과 2년간 보관
7. 생산실적 보고 – 매년 종료 후 1개월 이내, 지방식약청 또는 식품안전나라

 ② [소규모 주류제조] 소규모주류를 제조하게 되면 어떤 곳에 납품할 수 있나요?

1) 소규모주류는 병입한 주류를 제조장에서 최종 소비자에게 직접 판매 가능

주류의 제조장별로 소규모주류제조의 시설을 갖추고 탁주, 약주, 청주, 맥주 또는 과실주(단, 2020. 4. 1.부터)를 제조하게 되면, 병입한 주류를 제조장에서 최종소비자에게 판매할 수 있습니다.

이때 제조자는 용기주입시설 및 세척시설, 냉장보관시설을 갖추고 납세증명 표지(청주, 맥주)와 식품 등의 표시기준(식약처 고시)에 따른 상표 등을 부착해서 최종소비자에게 판매하면 됩니다.

2) 자가·타인 영업장인 음식점에서 판매 가능

영업장(해당 제조자가 직접 운영하는 다른 장소의 영업장을 포함) 안에서 마시는 고객에게 판매할 수도 있습니다. 해당 제조자 외에 의제주류판매업 면허를 받은 식품접객업자(일반음식점, 유흥주점, 단란주점 등)의 영업장에도 납품할 수 있습니다.

소규모주류를 영업장에서 판매하기 위해 이동·저장 용기를 사용하는 경우 용기에 용량, 검정 연월일과 식품 등의 표시기준(식약처)고시에 정하는 사항을 표시하고 판매 전까지 주류의 규격 위반 등이 발생하지 않도록 냉장시설 등을 이용하여 보관해야 합니다.

3) 소규모주류 외부유통 판매 가능

종합주류도매업자, 특정주류도매업자, 주류소매업자, 주류중개업자를 통해 시중 백화점, 슈퍼마켓, 편의점 또는 이와 유사한 상점으로도 납품이 가능합니다.

4) 무상으로 주류 제공하는 자에게 판매 가능

카지노사업장 또는 항공기, 선박에서 무상으로 주류를 제공하는 자에게 판매하는 것도 가능합니다(주세사무처리규정 제68조).

소규모주류 제조자는 직접 제조한 주류를 위와 같은 방법으로 판매할 때 주류의 병입 및 출고사항을 장부에 구분하여 기재해야 하며, (1) '병입한 주류를 제조장에서 최종소비자에게 판매하는 방법'으로 판매하는 경우에는 주류의 상표사용에 관한 명령위임 고시(국세청 고시) 제8조에 따른 용도구분 표시 없이 판매할 수 있습니다.

이때 소규모주류 제조자는 용기주입시설 및 세척시설, 냉장보관시설을 갖추고 납세증명표시(청주, 맥주)와 식품 등의 표시기준(식약처 고시)에 따른 상표 등을 부착해야 최종소비자에게 판매할 수 있습니다. 다만, 냉장유통·보관시설을 갖춘 경우에는 여과 또는 살균시설을 갖추지 않을 수 있습니다(소규모 주류제조자에 대한 주류의 제조, 저장, 설비, 가격 및 판매에 관한 명령위임고시 제6조).

소규모맥주 제조자	소규모 탁주·약주·청주 제조자
국세청고시 2021-18호 제6조 1항 제조장에서 제조한 주류를 외부에 반출하여 판매할 경우에는 **용기주입시설 및 세척시설과 다음의 각 호에 해당하는 여과 또는 살균시설**을 외부반출일 전까지 갖추어야 한다. 다만, 냉장유통·보관시설을 갖춘 경우에는 여과 또는 살균시설을 갖추지 않을 수 있다. 1. 여과하여 반출하고자 하는 경우 **여과시설**[식품첨가물공전상 "미탁"이하(유럽주류규정단위 18 이하)의 성능이 있다고 인정되는 것]을 갖추어야 한다. 2. 살균하여 반출하고자 하는 경우 **살균에 필요한 제반시설**(살균기 또는 살균조, 살균시험기구, 살균실험실 등)을 갖추어야 한다.	국세청고시 2021-18호 제6조 2항 제조장에서 제조한 주류를 외부로 반출하여 판매할 경우에는 **용기주입시설 및 세척시설과 냉장유통·보관시설**을 외부반출일 전까지 갖추어야 한다. 다만, 제1항제2호에 따를 경우에는 냉장 유통·보관시설을 갖추지 않을 수 있다.
– 용기주입시설, 세척시설 필요 – 여과시설·살균시설 또는 냉장유통·보관시설 필요	– 용기주입시설, 세척시설 필요 – 냉장유통·보관시설(살균시설을 갖추고 살균한 제품은 갖추지 않아도 됨)

소규모주류제조자의 주류유통 흐름도

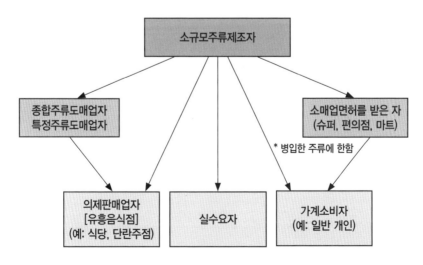

③ [소규모 주류제조] 소규모주류 제조장과 판매장의 구분은 어떻게 해야 하나요?

술도 식품입니다. 따라서 소규모주류(맥주, 탁주 등) 제조장 역시 식품제조 가공업의 시설기준을 갖춰야 합니다. 소규모 주류를 제조하는 작업장은 독립된 건물에 두거나 식품제조 및 가공 이외의 용도로 사용되는 시설과는 분리해야 합니다. 따라서 소규모주류 제조장과 음식점을 함께 할 경우 (유리)격벽 등을 설치하여 두 공간을 구분해야 합니다.

원료 및 제품의 보관시설, 즉 창고를 갖추고 있어야 하며 축산 폐수 및 화학물질 등 기타 오염 물질의 발생시설로부터 일정한 거리를 두고 떨어져 있어야 합니다. 식품제조가공업 시설기준에 부합한 시설에 소규모주류 제조장을 설치해야 면허를 받을 수 있다는 점이 매우 중요합니다.

그 외에도 양조장비는 대부분 매우 무겁고 큽니다. 탱크 높이도 2.5~3미터 정도 되는 경우도 있고 최상층부까지 사람이 올라가서 작업을 해야 하는 경우도 있습니다. 따라서 주류제조를 하는 곳은 건물의 바닥 하중과 층고를 반드시 고려해야 하고 운반시설 설치가 가능한지도 확인해야 합니다.

가끔 임차료가 다소 저렴한 지하공간을 임대한 경우 엘리베이터가 없어서 주류의 원료를 배송하거나 외부로 유통하는 주류를 운반하는 데 많은 어려움을 겪는 경우도 있다고 하니 입점하기 전 꼭 체크하시기 바랍니다.

[소규모 주류제조] 소규모주류 제조장의 시설을 설치할 때
시설기준이 있나요?

　주류 제조장은 주류별 제조장 시설기준 이상의 제조시설을 갖추도록 하고 있는데, 주류제조장은 화장실, 합숙소, 식당, 폐기물 처리장 등 위생에 영향을 미칠 수 있는 시설과 구분되어야 하며, 관할 세무서장의 승인을 얻어 주류 이외의 제품생산을 허용하도록 관련 규정이 개정되었습니다.

　또 충분한 조명·환기 및 방충시설을 갖춰야 하며, 제조하는 작업장과 판매장소는 명백하게 구분하여야 합니다.

제조장의 공통사항

시설기준(주세사무처리규정 제32조, 제33조)
▶ 주류제조장은 화장실, 합숙소, 식당, 폐기물 처리장 등 위생에 영향을 미칠 수 있는 시설과 구분하고, 관할 세무서장의 승인을 얻어 주류 이외의 제품생산 허용됨.
▶ 제조하는 작업장과 판매장소는 명백하게 구분
▶ 합성수지용기는 식품·의약품분야 시험·검사 등에 관한 법률 제6조 제2항 제1호에 따른 식품 등 시험·검사기관의 시험분석에서 사용적격 판정을 받은 것을 사용
▶ 살균탁주, 살균약주 제조장의 경우 살균 관련 제반시설을 구비해야 함 　– 살균실험실 　– 살균기 또는 살균조 　– 살균시험기구 : 현미경, 무균상자, 고압살균기, 냉장고, 항온항습기
▶ 제조장에서 제조한 주류를 외부로 반출하여 판매할 경우 용기주입시설 및 세척시설과 여과 또는 살균시설을 갖추어야 함. 다만, 냉장유통·보관시설을 갖춘 경우에는 여과·살균시설을 갖추지 아니할 수 있음.
▶ 하나의 제조장에 2종류 이상 주류제조 면허를 받았거나 연접된 장소에서 각각 다른 종류의 주류를 제조하도록 면허를 받은 자가 하나의 시설을 공통으로 사용하려면 제조용기 세척전문설비를 갖출 경우 주류 제조시설을 공통으로 이용 가능 　– 배관, 용기 등을 분해하지 않고 세척할 수 있는 CIP(Cleaning in Ipace) 방식의 설비

소규모 탁주, 약주, 청주, 과실주 제조자가 갖춰야 할 시설기준

시설기준(주류면허법 시행령 별표1의 제4호)
▶ 담금·제성·저장용기 　– 담금(발효)조, 제성조 총용량(청주의 경우 저장 및 검정조를 포함) : 1kℓ 이상 5kℓ 미만 ▶ 시험시설 　가) 간이증류기 1대 　나) 주정계(0.2도 눈금 0~30도) 1조
외부 반출하여 판매할 경우 필요시설 (국세청고시 제2021-18호, 제6조)
▶ 용기주입시설 및 세척시설과 냉장유통·보관시설을 외부반출일 전까지 갖춰야 함. * 다만, 살균시설을 갖추고 주류를 살균하여 출고하는 경우 냉장유통·보관시설을 갖추지 않을 수 있음

소규모 맥주제조자가 갖춰야 할 시설기준

시설기준(주류면허법 시행령 별표1의 제4호)
▶ 담금·제성·저장용기 　가) 당화·여과·자비조 등의 총용량 : 0.5kℓ 이상 　나) 담금 저장조 용량 : 5kℓ 이상 120kℓ 미만 ▶ 시험시설 　가) 간이증류기 1대 　나) 주정계(0.2도 눈금 0~30도) 1조
외부 반출하여 판매할 경우 필요시설 (국세청고시 제2021-18호, 제6조)

시설기준(주류면허법 시행령 별표1의 제4호)
▶ 용기주입시설 및 세척시설을 외부반출일 전까지 갖춰야 함.
▶ 여과시설 　가) 식품첨가물공전상 "미탁"이하(유럽주류규정단위 18 이하)의 성능이 있다고 인정되는 것
▶ 살균시설 　가) 살균기 또는 살균조, 살균시험기구, 살균실험실
* 다만, 냉장유통·보관시설 갖춘 경우에는 여과 또는 살균시설 갖추지 않아도 됨.

시험시설

시험시설로서 간이증류기와 주정계도 필요한데요. 간이증류기는 알코올분을 측정하기 위해 시료를 증류하는 간이 장치이고, 주정계는 술의 알코올 함량을 측정하는 액체용 비중계를 말합니다.

특히 면허를 발급받은 후 주질감정을 받을 때 많이 사용됩니다. 간이증류기를 통해 알코올을 얻은 후 주정계로 도수를 측정합니다.

⑤ **[소규모 주류제조] 소규모주류 제조자가 주류를 외부로 반출하여 판매할 경우 유의사항은 무엇인지요?**

소규모주류 제조자가 제조한 주류를 외부에 반출할 경우 용기주입시설 및 세척시설, 여과 또는 살균시설을 외부반출일 전까지 갖추도록 하고 있습니다. 다만, 냉장유통, 보관시설을 갖춘 경우 여과 또는 살균시설은 없어도 되는데요, 소규모주류 제조자가 제조한 주류는 판매 전까지 주류의 규격 위반 등이 발생하지 않도록 냉장시설 등을 이용하여 보관하여야 하고, 비살균 또는 여과하지 않은 소규모맥주는 냉장유통시설(예 : 냉장차)을 이용하여 운반해야 합니다.

특히 제조한 주류를 외부에 유통할 때 발생할 수 있는 문제점과 행정기관에서 검토하는 사항은 다음과 같습니다.

1) 편의점 등 외부 유통을 할 때 용기주입시설, 세척시설, 여과 또는 살균시설(냉장유통, 보관시설)을 확인하여 위반사항이 발생하면 해당부처에 통보를 하게 됩니다. 특히 이취나 변질 등 소비자 신고가 접수 될 경우 위 사항을 반드시 체크하게 됩니다.

2) 마트 등 외부 유통을 할 경우 냉장온도를 반드시 준수해야 합니다. 편의점 등에서 소비자가 소규모주류를 구입했는데 침전물(이물), 이상한 냄새, 맛 등으로 인해 신고하는 사례가 있으므로 이 점을 유의하셔야 합니다.

3) 식품 등의 표시기준(공통표시)인 제품명, 식품유형, 업소명 및 소재지, 제조연월일, 내용량, 원재료명, 용기포장 재질, 품목보고번호, 성분명 및 함량, 보관방법, 주의사항(부정불량, 알레르기, 기타), 방사선조사, 유전자변형식품, 기타 표시사항을 기재해야 합니다.

특히, 알레르기 표시(난류, 우유, 메밀, 땅콩, 대두, 밀, 고등어, 게, 새우, 돼지고기, 복숭아, 토마토, 아황산류, 호두, 닭고기, 쇠고기, 오징어, 조개류, 잣)에 대한 소비자 신고가 증가하고 있으므로 이 부분에 대한 표시사항이 있다면 꼭 지켜야 하며, 식품으로 사용할 수 없는 원료는 절대 사용하면 안됩니다.

4) 위생적으로 생산되는 일반맥주와 동일하게 품질유지기한을 설명할 수 있으나 원료, 제조방법 및 제조시설이 다를 경우 품질유지기한이 동일할 수 없습니다. 유통 중 변질 등의 문제로 소비자 신고가 빈번하게 발생하므로 반드시 냉장유통 및 보관시설을 갖추고 관련 규정을 지키는 것이 좋습니다.

냉장제품은 0~10℃에서 보관 및 유통해야 하며 냉장제품을 실온에서 유통시키면 안됩니다. 운반 시에는 적절한 온도가 유지될 수 있도록 냉장차량을 갖춰야 합니다.

6 [소규모 주류제조] 소규모주류를 보관·운반하는 방법은?

소규모주류 제조자는 제조한 주류를 판매하기 전까지 주류의 규격에 위반되지 않도록 냉장시설 등을 이용하여 보관해야 하고, 비살균 소규모제조 탁주·약주·청주와 비살균 또는 여과하지 않은 소규모맥주는 냉장유통시설(냉장차)을 이용하여 운반해야 합니다.

7 주류 제조면허 없이도 주류 자가 발효나 음용 키트를 이용한 술을 판매할 수 있나요?

수제맥주로 만들어 마실 수 있는 키트 등 새로운 형태의 제품도 주류의 범위에 포함되고, 별도의 주류 제조면허 없이도 주류 제조를 할 수 있도록 주세법이 개정되었습니다.

2020년 개정된 주세법 시행령 제2조에서는 "주류를 제조하기 위한 원료가 담겨있는 용기를 제조장에서 출고하거나 수입신고를 한 이후 용기에 추가적인 원료 주입 없이 용기 내에서 발효하여 최종 제품의 형태가 주류인 경우"를 말하며, "캡슐맥주" 형태로 판매하고 있으면 이것도 주류로 인정하게 된 것입니다.

기존 주세법에서는 주류의 범위를 알코올분 1도 이상의 음료 완제품으로 한정하고 있어, 캡슐 투입 등 간단한 방법으로 가정에서 수제맥주를 제조·음용할 수 있는 제품을 주세법상 주류로 인정받지 못했습니다. 이처럼 새로운 형태의 제품이 일반음료로 시판될 경우 미성년자들의 음성적 주류 구매까지 초래할 수 있다는 점 때문이었습니다. 이제 단순 조작만으로 발효되는 주류는 음식점·주점에서 별도의 주류 제조면허 없이 키트를 사용하여 주류를 제조할 수 있게 되었습니다.

08 전통주 제조면허의 취득

1 전통주(민속주나 지역특산주) 면허를 받으려면 특별한 자격요건이 있나요?

'전통주'는 주세법에서 무형문화재 보유자와 식품명인이 만드는 '민속주'와 지역의 농산물 등으로 만드는 '지역특산주'로 구분하고 있습니다.

전통주 등의 산업진흥에 관한 법률 제8조에 따라 전통주 제조면허를 받기 위해서는 다음의 조건을 갖춘 자가 시·도지사로부터 추천서를 받아야 합니다.

전통주 제조를 원하시는 경우 주류제조면허 추천신청서와 함께 사업계획서, 추천 대상 및 요건에 적합함을 증명할 수 있는 서류를 특별자치시장·시장·군수·구청장에게 제출합니다.

관할 행정기관에서는 추천 대상 및 요건에 적합한지를 검토한 후 추천신청서에 검토 의견서를 첨부하여 특별시장·광역시장·도지사에게 제출하게 됩니다.

추천신청서와 검토의견서를 받은 시·도지사는 추천 대상 및 요건에 적합한지 검토하여 적합하다고 인정되는 경우 주류제조면허 추천서를 국세청장에게 제출하고 주류제조면허를 추천합니다.

전통주 제조면허 추천서 받는 요건

전통주 주류제조면허 추천 대상과 요건은 다음과 같습니다.

1. 「문화재보호법」에 따라 지정된 주류부문의 **중요무형문화재**와 **시·도지정문화재** 보유자 : 국내산 농산물을 주원료로 하여 제조하는 경우로서 그 사업 타당성이 인정되는 경우
2. 「식품산업진흥법」에 따라 지정된 **주류부문의 대한민국 식품명인** : 국내산 농산물을 주원료로 하여 제조하는 경우로서 그 사업 타당성이 인정되는 경우
3. 「농업·농촌 및 식품산업 기본법」제3조에 따른 **농업경영체** 및 **생산자단체**와 「수산업·어촌 발전 기본법」제3조에 따른 어업경영체 및 생산자단체 : 직접 생산하거나 제조장 소재지 관할 특별자치시·특별자치도·시·군·구(자치구를 말한다. 이하 같다) 및 그 인접 특별자치시·시·군·구에서 생산한 농산물을 주원료로 제조하는 경우로서 그 사업 타당성이 인정되는 경우

(전통주 등의 산업진흥에 관한 법률 시행규칙 제3조 참조)

 2 지역특산주 추천을 받은 경우
제조방법 신청 시 어떤 점을 유의해야 하나요?

지역특산주 추천을 받은 경우 제조방법 신청을 할 때 추천원료를 확인할 수 있는 관련 서류(광역자치단체장의 지역특산주 추천서, 사업계획서상 원료조달 계획서 등)를 제출해야 합니다. 지역특산주는 지역 농산물 소비촉진의 목적으로 주세 50%를 감면받는 혜택을 주고 있으므로 주원료 사용을 엄격히 관리하고 있으며, 만약 추천요건을 위반하여 주류를 제조하면 경감받은 주세에 대해 추징당하게 됩니다.

수입산 원료나 추천받지 않은 원료는 사용할 수 없습니다. 시중에 판매되는 입국, 팽화미 등은 주로 수입쌀을 원료로 제조되므로 국내산 쌀을 주원료로 추천받은 경우 이를 구입 및 사용할 수 없습니다. 따라서 쌀을 주원료로 하여 추천받았다면

쌀입국을 직접 제조하여 사용하거나, 위탁 제조한 쌀입국을 구입하여 사용할 수 있습니다. 국산밀은 사용할 수 있지만 수입산 밀가루(소맥분)는 사용할 수 없습니다.

전통주산업법 제2조에서 '주원료'란 제조하려는 술의 제품 특성을 나타낼 수 있는 원료(원료가 여러 종류인 경우에는 최종 제품의 중량비에 따라 상위 3개 이내의 원료)를 말하며, 여기서 양조용수와 첨가하는 주정은 제외합니다.

지역특산주를 제조하는 자는 주세액을 경감받을 수 있는데, 법에 정한 제조방법·과정을 위반한 경우 관할 세무서장은 경감받은 주세액을 추징하며, 시설기준이 부적합한 경우 시설 보완을 요청받게 됩니다.

지역특산주 원료 관리 정리!

○ 지역특산주는 지역 농산물 소비촉진의 목적으로 주세 50% 감면되므로 주원료 사용을 엄격히 관리하여야 하며, 추천요건을 위반하여 주류를 제조하면 경감받은 주세가 추징됨.

 – 직접 생산하거나 소재지 및 인접 지역 농산물로 시·도지사의 추천을 받은 원료만 사용 가능 (＊ 수입산 원료나 추천받지 않은 원료 사용 불가)
 – 쌀 또는 밀을 추천받은 경우 시중에 판매되는 입국, 팽화미, 밀가루를 사용할 수 없음 (＊ 추천받은 쌀을 원료로 쌀입국을 직접 제조하여 사용하거나, 위탁가공업체에서 제조한 쌀입국, 팽화미 및 추천받은 인접지역 밀은 사용 가능)
 – 주원료는 최종 제품의 중량비 상위 3개 이내 원료를 의미하며 양조용수와 첨가하는 주정은 제외

---

③ 전통주(민속주와 지역특산주)의 경우에는 별도의 시설기준을 적용한다는데 이때의 기준은 어떻게 되나요?

일반적인 주류제조장의 시설기준은 담금·저장·제성용기의 일정 규격(용기) 이상을 구비하도록 하고 있으나 민속주와 지역특산주를 위한 제조장은 담금실의 공간(건물)을 일정 이상 갖추도록 하고 있는 점이 다르다고 볼 수 있습니다.

주류별	지역특산주[12]		민속주[13]	
	시설구분	시설기준	시설구분	시설기준
가. 탁주·약주 및 청주	1) 건물 　가) 담금실 2) 시험시설 　가) 간이증류기 　나) 주정계	10m² 이상 1대 0.2도 눈금 0~30도 1조	1) 건물 　가) 담금실 (밑술실 · 제성실 · 저장실 포함) 2) 부대시설 　가) 세척 또는 세병장 시설 　나) 병입 또는 타전 시설 3) 시험시설 　가) 온도계 　나) 주정계 　다) 간이증류기	10m² 이상 0.2℃ 눈금 1개 0.2도 눈금 0~100도 1조 1대
나. 과실주	1) 건물 　가) 원료처리실 　나) 담금실(밑술실 · 제성실 · 저장실 포함) 2) 부대시설 　가) 여과시설 　나) 세병시설 　다) 병입시설 　라) 타전시설 3) 시험시설 　가) 온도계 　나) 주정계 　다) 간이증류기	6m² 이상 20m² 이상 0.2℃ 눈금 1개 0.2도 눈금 0~100도 1조 1대		
다. 증류식 주류 · 일반 증류주 · 리큐르 및 기타 주류	1) 건물 　가) 담금실(원료처리실 · 침출실 · 발효실 · 저장실 · 제성실 포함) 2) 부대시설 　가) 여과시설 　나) 세병시설 　다) 병입시설 　라) 타전시설 3) 시험시설 　가) 온도계 　나) 주정계 　다) 간이증류기	25m² 이상 0.2℃ 눈금 1개 0.2도 눈금 0~100도 1조 1대		
라. 맥주	규정 없음	규정 없음		

---

12) 「농어업 · 농어촌 및 식품산업기본법」에 따른 농어업경영체 또는 생산자단체 중 농림수산식품부장관이 추천하는 자가 스스로 생산하거나 주류제조장 소재지 관할 및 그 인접 자치단체에서 생산된 농산물을 주된 원료로 하여 제조한 주류로서 「전통주 등의 산업진흥에 관한 법률」에 따라 추천을 받아 제조하는 주류가 여기에 해당함.

13) 「무형문화재 보전 및 진흥에 관한 법률」에 따라 주류부문의 국가문화재 또는 시 · 도무형문화재 보유자가 제조한 주류나 「식품산업진흥법」에 따라 지정된 주류부문의 대한민국식품명인이 제조한 주류를 뜻함.

주류 민속주·지역특산주 제조면허 현황

1) 주류 민속주·지역특산주 제조면허 통계

2021년	탁주	약주	청주	맥주	과실주	증류식소주	희석식소주	위스키	브랜디	일반증류주	리큐르	기타주류	주정	술덧	총계
민속주	8	17	–	–	0	10	–	–	–	8	6	3	–	–	52
지역특산주	235	293	29	–	253	121	–	–	1	234	97	86	–	–	1,349

참고자료 : 2022 국세통계연보 10-3-2/10-3-3 민속주·지역특산주 제조면허 현황

 4 대한민국식품명인[14] 인증을 받으려면
어떤 요건을 갖춰야 하나요?

　정부는 우수한 우리식품의 계승·발전을 위하여 식품제조·가공·조리 등 분야를 정하여 대한민국식품명인으로 지정하고 육성하고 있으며, 20년 이상 한 분야의 식품에 정진하였거나 전통방식을 원형대로 보존하고 이를 실현할 수 있는 자, 또는 명인으로부터 보유기능에 대한 전수교육을 5년 이상 이수 받고 그 후 10년 이상 그 업체에 종사한 자여야 합니다. 이 제도의 실시 근거는 식품산업진흥법 제14조 및 동법 시행령 제14조 내지 제22조에서 찾아볼 수 있습니다.

　대한민국식품명인은 국가에서 지정한 관련 분야 최고의 기능장으로서 명예와 지위를 부여받는 만큼 식품산업 종사자들에게는 최고의 권위를 인정받는 것이라고도 할 수 있습니다.

---

14) 2018. 12월 식품산업진흥법 개정으로 기존 '식품명인'이 '대한민국식품명인'으로 명칭이 변경되었습니다.

1994년 전통식품 명인제도로 시작하여 2008년 일반 식품명인까지 포함한 식품명인으로 확대 운영해 오고 있으며 식품명인제도가 시작된 후 현재 78명의 명인이 선정되었으며 품목별로 주류 25명, 장류 12명, 떡·한과류 10명, 차류 7명, 김치류 6명, 엿류 5명, 인삼류 3명, 기타 식품류 9명 등 다양한 전통식품들에 대한 명인들이 있습니다.

대한민국식품명인은 식품산업진흥법 제14조(식품명인의 지정) 규정에 따라 농림축산식품부 장관이 심의회를 거쳐 우수한 식품 기능인을 대한민국식품명인으로 지정할 수 있도록 하고 있습니다.

대한민국식품명인으로 지정되면 활동상황 등을 농림축산식품부 장관에게 보고하고, 농림축산식품부 장관은 식품명인이 식품의 제조, 가공, 조리 또는 기능 전수를 업으로 하거나 하고자 할 때에는 필요한 경비를 지원할 수 있도록 하고 있습니다.

대한민국식품명인 자격요건은 다음과 같습니다.
1) 해당 식품의 제조, 가공, 조리 분야에서 계속해서 20년 이상 종사한 사람
2) 전통식품의 제조, 가공, 조리방법을 원형대로 보전하고 있으며, 이를 그대로 실현할 수 있는 사람
3) 대한민국식품명인으로부터 보유 기능에 대한 전수 교육을 5년(대한민국식품명인 사망 시는 2년) 이상 받고 10년 이상 그 업에 종사한 사람

이 같은 조건을 충족하여 대한민국식품명인으로 지정받고자 하는 자는 농림축산식품부령으로 정하는 바에 따라 시·도지사에게 지정을 신청해야 합니다.

대한민국식품명인의 지정분야는 전통식품분야(전통식품명인), 전통식품 외의 식품분야(일반식품명인)으로 구분하고 있으며, 전통식품은 국산 농산물을 주원료로 하여 제조, 가공되고 예로부터 전승되어 오는 우리 고유의 맛, 향 및 색깔을 내는 식품을 말합니다.

대한민국식품명인의 지정 절차는, 시도지사는 지정 신청이 들어오면 현지 조사 및 문헌조사 등에 의해 신청 내용에 대한 사실조사를 실시한 후 지정기준에 적합하다고 인정된 때에 농림축산식품부 장관에게 그 지정을 추천하게 됩니다.

시도지사로부터 지정 추천이 있게 되면 장관은 적합성을 검토한 후 지정기준에 적합하다고 인정되는 자를 심의회의 심의를 거쳐 식품명인으로 지정하고 지정된 후에 명인 지정서를 교부하고 이를 공고하게 됩니다.

대한민국식품명인 인증 신청을 위한 서류 작성 시 기재해야 할 사항은 신청서에 품목, 주원료, 보유 기능 등을 작성합니다. 첨부서류로는 기능보유에 대한 설명서에 식품의 유래, 전승계보, 계승 경위, 활동상황 등을 기재하고, 관계전문가 의견서 및 기능 보유를 증명하는 서류를 함께 제출합니다.

신청 접수를 받은 행정기관에서는 사실 여부를 조사하고 사실조사서를 작성하는데요, 여기에는 주로 (1) 유래 및 전승 계보, 계승 경위 및 활동 상황, 사용 용기 및 기구 (2) 조리, 가공방법, 제품의 특성, 제품의 분포 실태 (3) 유사 기능 보유자의 현황, 보호 가치 여부 등을 살펴보게 됩니다.

그렇다면 명인 지정자에 대한 혜택은 어떤 것이 있을까요?

우선 명인제도의 인지도 제고로 명인이 생산한 제품의 브랜드 가치가 상승하는 효과를 볼 수 있고, 전통 식품 명인으로서의 명예를 향유하며, 전통가공식품 가공 자금 우선 지원 및 기능 전수 자금 지원을 신청에 따라 받을 수 있습니다.

식품명인제도의 대한민국식품명인의 표시

농림축산식품부는 대한민국식품명인으로 지정되지 않은 사람은 이 용어를 사용할 수 없고, 만약 이 명칭을 무단으로 사용할 경우 위반 횟수에 따라 100만 원에서 최고 300만 원까지 과태료를 부과할 수 있도록 근거규정을 마련하였습니다.

5 농업경영체 및 생산자단체는 무엇이며, 설립조건이 어떻게 되나요?

농업·농촌 및 식품산업기본법에 근거하여 농업경영체 및 생산자단체의 사업 타당성이 있는 경우 전통주 제조면허 추천서를 받을 수 있습니다.

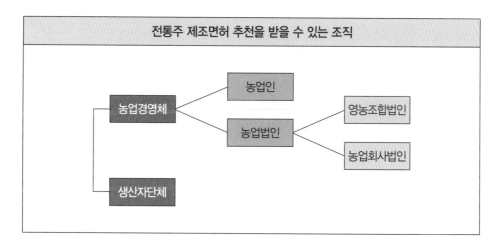

농업경영체는 농업인이나 농업법인(영농조합법인, 농업회사법인)을 말합니다.

농업인의 기준(농업·농촌 및 식품산업기본법 시행령 제3조)

1) 1천m² 이상 농지(비농업인이 분양받거나 임대받은 농어촌 주택 등에 부속된 농지 제외)를 경영하거나 경작하는 사람
2) 농업경영을 통한 농산물의 연간 판매액이 120만 원 이상인 사람
3) 1년 중 90일 이상 농업에 종사하는 사람
4) 「농어업경영체 육성 및 지원에 관한 법률」 제16조제1항에 따라 설립된 영농조합법인의 농산물 출하·유통·가공·수출활동에 1년 이상 계속하여 고용된 사람
5) 「농어업경영체 육성 및 지원에 관한 법률」 제19조제1항에 따라 설립된 농업회사법인의 농산물 유통·가공·판매활동에 1년 이상 계속하여 고용된 사람

농업인의 확인 방법

농업인 확인을 받고자 하는 사람은 주민등록증, 외국인등록증에 기재된 신청자의 거주지 관할 국립농산물품질관리원 지원 또는 사무소장에게 신청하여 확인받습니다.

생산자단체는 농업 생산력의 증진과 농업인의 권익보호를 위한 농업인의 자주적인 조직으로서 대통령령으로 정하는 단체를 말합니다.

여기에는 농협 조합과 중앙회, 산림조합과 중앙회, 엽연초생산협동조합과 중앙회, 농산물을 공동으로 생산하거나 농산물을 생산하여 공동으로 판매·가공 또는 수출하기 위해 농업인 5명 이상이 모여 결성한 법인격이 있는 전문 생산자 조직으로서 농림축산식품부장관이 정하는 요건을 갖춘 단체가 속합니다.

생산자단체

1) 농협 조합과 중앙회
2) 산림조합과 중앙회
3) 엽연초생산협동조합과 중앙회
4) 영농조합법인 중 자본금이 1억 원 이상인 영농조합법인
5) 농업회사법인 중 농업인 5인 이상이 참여하고 자본금이 1억 원 이상인 농업회사법인
6) 「농업협동조합법」 제112조의5의 규정에 의하여 농림축산식품부장관이 설립인가한 조합공동사업법인 및 「농업협동조합법」 제138조의 규정에 의하여 농림축산식품부장관이 설립인가한 품목조합연합회, 「산림조합법」 제86조의5의 규정에 의하여 산림청장이 설립인가한 조합공동사업법인
7) 농산자조금을 조성·운영하는 자조금단체
8) 축산자조활동자금을 조성·운영하는 축산단체
9) 「협동조합기본법」에 따라 설립된 협동조합 및 사회적협동조합 중 「농업·농촌 및 식품산업 기본법 시행령」 제4조제5호에 따른 조직으로서 자본금이 1억 원 이상인 조합
10) 「협동조합기본법」에 따라 설립된 협동조합연합회 및 사회적협동조합연합회 중 제6호에 해당되는 협동조합 및 사회적협동조합을 회원으로 하고 자본금이 1억 원 이상인 연합회

농업경영체 등록을 위한 구비서류는 다음과 같습니다.

(1) 농업인 : 농업경영체 등록신청서(농업인용)과 증빙서류
   - 자경농지 : 경작사실확인서, 농자재 구매영수증 또는 농산물 판매영수증
   - 임차농지 : 임대차계약서, 농자재 구매영수증 또는 농산물 판매영수증

(2) 농업법인 : 농업경영체 등록신청서(농업법인용)과 증빙서류
   - 등기사항전부증명서, 정관, 조합원별 출자내역, 법인과세표준 및 세액신고서 또는 법인 명의의 농자재구매영수증(농산물판매영수증), 이사회(총회)회의록, 사업자등록증명서, 농업인 증명서류(농업인 확인서, 농업경영등록 증명서·확인서 중 택1)

농어업·농어촌에 관련된 융자·보조금 등을 지원받으려면 농업경영체 등록을 하는 것을 권장합니다.

6 영농조합법인을 설립하려고 하는데 무엇을 준비해야 하나요?

지역특산주를 제조하는 경우 농어업 경영체 육성 및 지원에 관한 법률에 근거한 법인 중 하나로 영농조합법인을 설립하기도 합니다.
영농조합법인 설립의 조건은 다음과 같습니다.

1) 농업인으로 구성된 발기인 5명 이상이 있어야 합니다.
농업에 종사하지 않은 비농업인도 조합원이 될 수 있지만, 준조합원으로 해야 되며 의결권은 제한됩니다.

2) 정관, 사업계획서, 총 출자좌수, 주식의 납입 및 현물 출자에 대해 결정해야 합니다.

발기인들은 발기인 총회 등을 개최하고 미리 작성한 정관과 사업계획서 등을 의결해야 합니다. 이때 기타 총 출자좌수, 주식의 납입과 현물 출자 등을 이행해야 합니다.

출자한 조합원에게는 대표이사 명의로 출자 증서를 발급하며, 현물출자의 경우 그 방법, 한도, 납입방법을 정관에 반드시 포함해야 합니다.

3) 창립총회를 개최합니다.

창립총회를 개최하여 미리 작성해둔 정관 등의 내용에 대해 승인을 받아야 하며, 회의록 작성, 공증인 인증도 받아야 합니다. 이 외에도 총회에서는 임원의 선출, 일련의 의결 절차를 거쳐 사업계획과 관련된 내용을 결정하게 됩니다.

4) 이사회의 확정 및 출자금의 불입 등을 해야 합니다.

이사회는 일종의 임원진을 의미하며, 대표이사, 일반이사 등을 선출하게 됩니다.

총회에서 정한 출자금의 납입을 해야 하고, 현물출자의 경우에는 그에 대한 평가를 받아야 합니다.

5) 시군구청에 영농조합법인 설립 신청을 합니다.

영농조합법인을 설립하려면 주된 사무소 소재지 관할 시군구청장에게 설립신고를 하고 20일 이내 설립신고증을 받습니다.

6) 등기신청을 해야 합니다.

창립총회 의사록, 정관, 자산 명세 등을 첨부하여 관할 등기소에 등기를 하면 완료됩니다.

농업회사법인을 설립하려고 하는데
무엇을 준비해야 하나요?

농업회사법인은 관련 규정에 의해 설립되는 영리법인으로서 특수목적회사라 할 수 있습니다. 발기인 중 반드시 농업인이 1인 이상 있어야 설립이 가능합니다.

유한회사/주식회사는 농업인 1인이상, 합명회사/합자회사는 농업인 2인 이상 이면 설립 가능합니다.

법인 대표자는 농업인이 아니어도 됩니다만, 농업인 1인만으로 법인 설립을 하는 경우에는 임원 중 주주가 아닌 임원이 반드시 1명 필요합니다.

농업회사법인에 대한 출자는 자연인뿐만 아니라 법인격을 가진 주체(법인)도 가능합니다만, 농업인 또는 농업생산자단체가 아닌 자의 출자는 농업회사법인 의 총출자액의 90%를 초과할 수 없습니다.

> 발기인모집 − 정관작성 − 설립행위(사원모집, 명부작성, 사업계획서, 출자좌수 작성) − 창립총회 − 이사회 구성 − 시군구청, 법인설립신고 − 출자금 불입 − 설립등기 − 사업자 등록 − 농업경영체등록

농업인의 명의를 빌려 영농조합법인을 설립하는 것은 적법하지 않으며 농업 인은 신청자 거주지를 관할하는 국립농산물품질관리원에서 발급하는 농업확인 서나 농업경영체 등록확인서를 발급받아야 합니다.

농업회사법인의 농업생산 및 농산물의 유통, 가공, 판매 활동에 고용되어 1년 이상의 고용계약을 체결하고 서면계약서를 제출한 경우 농업인으로 확인이 가 능합니다. 예를 들어 「농업.농촌 및 식품산업기본법」에서 농업인의 기준 중 농업 회사법인의 "농산물의 유통.가공.판매활동에 1년 이상 계속하여 고용된 사람"은 농업인으로서 인정하고 있습니다.

하지만 비농업인 중 농업회사법인에 출자하고 동 법인의 업무집행권자 내지 임원(상근 또는 비상근)이 된 경우에는 출자자(주주)로서의 경영이나 의사결정에 참여하는 행위를 한 것이므로 농업인 자격과는 무관하다고 할 수 있습니다.

**8 농업법인에는 농업회사법인과 영농조합법인이 있다고 합니다.
두 조직의 특성 및 운영할 때 차이점은 무엇인지요?**

귀농, 귀촌을 하거나 농어촌에서 경제활동을 하는 경우 법인을 조직하여 사업체를 운영하는 사례가 많습니다. 크게 주식회사 형태인 농업회사법인과 조합형태인 영농조합법인으로 나눌 수 있을 텐데요, 아래의 표를 통해 두 개 법인의 특성을 비교해보도록 하겠습니다.

농업법인의 특성 비교

	영농조합법인	농업회사법인
법적근거	– 농어업경영체 육성 및 지원에 관한 법률 제16조	– 농어업경영체 육성 및 지원에 관한 법률 제19조
법인성격	– 협업적 농업경영체 – 민법상 조합규정	– 기업체 경영체 – 상법상 회사
사업범위	– 농업경영 및 부대사업 – 공동이용시설 설치 운영 – 농산물 공동출하, 가공, 수출 – 농작업 대행 등 (시행령 제11조)	– 농업경영, 농산물의 유통/가공/판매, 농작업 대행 – 영농자제 생산 공급 – 종자 생산 및 종균 배양사업 – 농산물의 구매 비축사업 – 농기계 장비의 임대/수리/보관 – 소규모 관개시설의 수탁, 관리 등 (시행령 제19조)

	영농조합법인	농업회사법인
설립요건 (출자)	– 발기인 : 농업인 5인 이상 – 비농업인은 의결권 없는 준조합원 참여 가능 – 결원 시 1년 이내 충원(미충원 시 해산 사유)	– 발기인 : 농업인 1인 이상(주식회사) – 비농업인 출자 : 자본금의 90% 이내(의결권 있음) – 다만 총출자액이 80억 원을 초과하는 경우 총출자액에서 8억 원을 제외한 금액을 한도로 함
의결권	– 조합원 : 1인1표(원칙)	– 출자 지분 비례 : 1주1표
설립자본금	– 2011년 상법개정으로 자본금규정 없음. 단, 농림사업 지원 받으려면 자본금 1억 원 이상	– 2011년 상법개정으로 자본금규정 없음. 단, 농림사업 지원 받으려면 자본금 1억 원 이상
농지소유	– 소유 가능	– 소유가능(단 업무집행권을 가진 자 또는 등기이사가 1/3이상 농업인일 것)(농지법 제2조)
경영 의사결정	– 합의체에 의한 의사 결정 → 신속한 의사결정 어려움	– 최대주주가 경영권행사 가능 → 신속한 의사결정 가능
주주의 책임	– 법인의 재산으로 채무상환 불능 시 개별 조합원이 책임부담	– 합명 : 무한책임 – 합자 : 유한 및 무한 – 유한 : 유한책임 – 주식 : 유한책임
회계감사	– 법인의 감사에 의한 내부 감사	– 주식회사 형태의 농업회사법인의 경우, 직전사업년도 자산총액이 100억 이상인 경우 주식회사 외부감사에 관한 법률에 의해 공인회계사의 외부감사 필요
세금혜택	– 법인세 중 농업소득 전액 면제 – 양도세 면제 또는 감면 – 대통령이 정한 소득은 조합원 1인당 연 1,200만 원 감면 – 부동산 취득세 면제 및 감면 – 법인 등록 시 등록세 면제 – 재산세 면제 또는 감면	– 법인세 중 농업소득 전액면제 – 농업인이 농지를 법인에 현물출자할 경우 양도소득세 면제 – 농업 외 소득의 경우, 최초소득에서 다음 4년차까지 소득에 대해 법인세 50% 감면 – 농어업용 기자재 등 영세율 적용 – 농업용 유류구입 시 부가세 면제 – 창업 후 2년 이내 취득한 부동산 취득세 면제 및 감면 – 영농 목적 부동산 등록세 경감 – 법인 등록 시 등록세 면제 – 농지 출자 시 양도소득세 면제

9 양조장에서 만든 술에 술품질 인증을 받으려면
무엇을 준비해야 하나요?

"가"형
품질인증을 받은 모든 제품에 사용 가능

"나"형
품질인증을 받은 제품 중 주원료와 국(麴)의
제조에 사용된 농산물이 100% 국내산인 경우
사용 가능

정부는 2009년 8월 국가경쟁력 강화 차원에서 '우리술 산업 경쟁력 강화 방안'
으로 우리 술의 품질향상과 고품질 술의 생산 장려 및 소비자 보호를 위해 품질
인증제를 운영하고 있습니다. 2010년 「전통주 등의 산업진흥에 관한 법률」에 그
근거를 마련하고 같은 해 시행령, 시행규칙을 공포함으로써 술 품질인증제도의
근거를 마련한 것입니다.

술 품질인증제도의 대상품목은 탁주(막걸리), 약주, 청주, 과실주, 증류식소주,
일반증류주, 리큐르, 기타주류입니다.

인정대상 사업자의 범위는 주세법에 따른 주류 제조면허 취득 및 식품위생법
에 따른 주류 제조 가공업체로 등록한 사업체입니다.

품질인증을 받고자 하는 주류제조자는 국립농산물품질관리원장으로부터 지
정을 받은 '품질인증기관의 장'(현재 한국식품연구원, 전북 완주 소재)에게 품질인증

신청을 하여 적합판정을 받아야 합니다.

술품질인증 신청 시 제출 서류

1. 품질인증 신청서(부록 18 서식)
2. 제품설명서 1부
3. 제조시설 및 설비 등 설명서 1부
4. 신청제품의 분석감정서 사본 1부
5. 제조방법신청서 및 제조공정도 사본 1부
6. 신청제품의 주상표 및 보조상표 1부
7. 법률이 정한 수수료

심사내용은 제조방법, 제조장, 제품품질기준에 따른 각각의 기준이 있고, 이 외의 요구사항은 식품위생법과 주세법에서 정하는 시설기준 및 제조가공기준에 적합해야 합니다.

술품질인증 적합판정 기준

주종	제조방법 기준	제조장 기준	제품품질 기준
탁주 (막걸리)	5개 항목이 모두 적합 해야 한다.	필수기준 10개 항목 모두와 권장기준 7개 항목 중 4개 항목 이상이 적합하여야 하며, 기타 항목은 모두 적합하여야 한다.	이화학적 품질기준(주요 4개 항목 및 기타)은 모두 적합하여야 하며, 관능평가기준(8개 항목)은 세부항목별로 5점 만점에서 전체평가자 평균 3점 이상이어야 한다.
약주	3개 항목이 모두 적합 해야 한다.	필수기준 12개 항목 모두와 권장기준 7개 항목 중 4개 항목 이상이 적합하여야 하며, 기타 항목은 모두 적합하여야 한다.	이화학적 품질기준(주요 6개 항목 및 기타)은 모두 적합하여야 하며, 관능평가기준(8개 항목)은 세부항목별로 5점 만점에서 전체평가자 평균 3점 이상이어야 한다.

주종	제조방법 기준	제조장 기준	제품품질 기준
청주	5개 항목이 모두 적합해야 한다.	필수기준 12개 항목 모두와 권장기준 7개 항목 중 4개 항목 이상이 적합하여야 하며, 기타 항목은 모두 적합하여야 한다.	이화학적 품질기준(주요 6개 항목 및 기타)은 모두 적합하여야 하며, 관능평가기준(9개 항목)은 세부항목별로 5점 만점에서 전체평가자 평균 3점 이상이어야 한다.
과실주	6개 항목이 모두 적합해야 한다.	필수기준 9개 항목 모두와 권장기준 7개 항목 중 4개 항목 이상이 적합하여야 하며, 기타 항목은 모두 적합하여야 한다.	이화학적 품질기준(주요 6개 항목 및 기타)은 모두 적합하여야 하며, 관능평가기준(8개 항목)은 세부항목별로 5점 만점에서 전체평가자 평균 3점 이상이어야 한다.
증류식 소주	4개 항목이 모두 적합해야 한다.	필수기준 9개 항목 모두와 권장기준 7개 항목 중 4개 항목 이상이 적합하여야 하며, 기타 항목은 모두 적합하여야 한다.	이화학적 품질기준(주요 4개 항목 및 기타)은 모두 적합하여야 하며, 관능평가기준(6개 항목)은 세부항목별로 5점 만점에서 전체평가자 평균 3점 이상이어야 한다.
일반 증류주	11개 항목이 모두 적합해야 한다.	필수기준 9개 항목 모두와 권장기준 7개 항목 중 4개 항목 이상이 적합하여야 하며, 기타 항목은 모두 적합하여야 한다.	이화학적 품질기준(주요 5개 항목 및 기타)은 모두 적합하여야 하며, 관능평가기준(6개 항목)은 세부항목별로 5점 만점에서 전체평가자 평균 3점 이상이어야 한다.
리큐르	12개 항목이 모두 적합해야 한다.	필수기준 9개 항목 모두와 권장기준 7개 항목 중 4개 항목 이상이 적합하여야 하며, 기타 항목은 모두 적합하여야 한다.	이화학적 품질기준(주요 6개 항목 및 기타)은 모두 적합하여야 하며, 관능평가기준(6개 항목)은 세부항목별로 5점 만점에서 전체평가자 평균 3점 이상이어야 한다.
기타 주류	7개 항목이 모두 적합해야 한다.	필수기준 13개 항목 모두와 권장기준 7개 항목 중 4개 항목 이상이 적합하여야 하며, 기타 항목은 모두 적합하여야 한다.	이화학적 품질기준(주요 6개 항목 및 기타)은 모두 적합하여야 하며, 관능평가기준(9개 항목)은 세부항목별로 5점 만점에서 전체평가자 평균 3점 이상이어야 한다.

(자세한 세부기준의 내용은 술 품질인증정보시스템 → 술품질인증제도 → 적합판정기준을 참고하세요. http://www.naqs.go.kr/lms/portal/html/system/system4.jsp)

또한 술품질인증을 받은 자는 술 품질인증요건의 유지관리 및 품질인증제품의 술 품질인증기준을 항상 준수해야 합니다.

국립농산물품질관리원은 사후관리 차원에서 연 1회 이상 현장조사 차원에서 품질인증을 받은 업체를 방문하거나 연 2회 이상 시중에 판매 중인 제품을 수거하여 인증기준의 적합 여부를 조사하고, 위반행위를 적발하기도 합니다. 적발될 경우 정도에 따라 인증취소, 표시사용정지, 과태료 부과 등의 조치가 내려집니다.

사후관리 체계

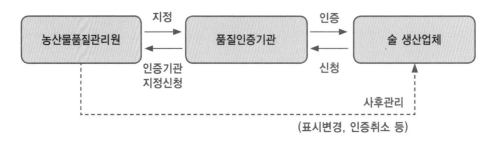

품질인증의 유효기간은 품질인증을 받은 날부터 3년으로 하며, 유효기간을 연장받으려는 자는 유효기간이 끝나기 2개월 전까지 연장신청을 해야 합니다.

10 전통주 교육기관은 어떤 곳이 있나요?[15]

1) 전문인력양성기관(6개소)

지정번호	교육기관명	주소	전화번호	인력양성분야
제1호	한국식품연구원	전북 완주군 이서면 농생명로 245	063)219-9339	주류 제조방법 등
제2호	서울벤처정보 대학원대학교	서울특별시 강남구 삼성동 봉은사로 405	02)3470-5142	양조학 관련
제4호	신라대학교 산학협력단	부산광역시 사상구 백양대로 700번길 140(괘법동)	051)999-5620	주류분석, 제품개발
제5호	대경대학교 산학협력단	경북 경산시 자인면 단북1길 65	053)850-1329	탁주 품질 및 제조
제6호	한국가양주연구소	서울특별시 서초구 효령로 34길7 정서B/D 4층	02)583-5225	주류 제조 및 마케팅 등
제7호	남부대학교 산학협력단	광주광역시 광산구 첨단중앙로 23(월계동, 남부대학교)	062)970-0174	주류 제조 및 품질관리 등

2) 교육훈련기관(19개소)

지정번호	교육기관명	주소	전화번호	인력양성분야
제1호	전라슬로푸드문화원 (전주전통술박물관)	전북 전주시 완산구 동문길 50 동문문화센터 1층	063)287-6305	누룩 및 단양주 등
제2호	막걸리학교	서울 중구 퇴계로20나길 9, C동 201호	02)722-3337	막걸리 제조법 등
제3호	수수보리아카데미	서울시 서대문구 경기대로 47 진양빌딩 지하 1층	02)364-2400	양조기초 및 제조 등
제4호	한국가양주연구소	서울특별시 서초구 효령로34길7 정서B/D 4층	02)583-5225	주류 제조, 관능평가 등

---

15) 국립농산물품질관리원 자료 참조

지정번호	교육기관명	주소	전화번호	인력양성분야
제5호	(사)한국전통음식연구소	서울시 종로구 돈화문로 71	02)708-0743	전통주 제조 및 실습 등
제6호	전통주연구개발원	경기도 가평군 가평읍 분자골로 68번길82	031)581-1054	주류 이론과 제조 등
제7호	(사)한국전통주연구소	서울시 종로구 자하문로 62 (효자동 25), 3층	02)389-8611	약재술 빚는 법 등
제8호	(주)한국베버리지 마스터협회	서울시 동작구 사당로 30길 133 서원빌딩3층	02)581-2911	우리술 칵테일 제조 등
제9호	농업회사법인 진향(주)	경기도 성남시 중원구 갈마치로 314, 1017호	031)639-6780	우리술 역사 및 문화 등
제10호	(사)우리음식문화연구원	서울시 종로구 김상옥로 60, 보성빌딩 10층	070)4404-5395	과하주, 증류주 제조 등
제11호	(주)연효재	부산광역시 남구 전포대로 110, 2/3F	051)636-9355	막걸리 역사 및 응용 등
제12호	농업회사법인(주)한국양조연구소	경기도 광명시 하안로 60 광명테크노파크 E동 812호	02)598-3222	발효 이론 및 실습 등
제13호	(사)북촌전통주문화연구원	서울시 관악구 남부순환로 1794 미주OT 404	070)8098-6241	누룩역사 및 제조 등
제14호	한국양조교육진흥원(주)	경기도 여주시 대신면 대신1로 120	031)881-4240	전통주 및 발효 실무 등
제15호	지리산막걸리학교	경상남도 진주시 진주대로 988 (4층 경남미디어)	055)743-8000	탁주 제조이론 및 방법 등
제16호	농업회사법인 장희	충청북도 청주시 청원구 내수읍 미원초정로 1275	070)4415-6567	전통주 제조 및 위생 등
제17호	농업회사법인 (주)술샘	경기도 용인시 처인구 죽양대로 2298-1	070)4218-5225	양조기초 및 가양주 등
제18호	농업회사법인 (주)신선	충북 청주시 상당구 것대로 5 1층	043)234-6799	우리술 기초 및 양조의 실제 등
제19호	한국전통발효아카데미학원	서울특별시 서초구 남부순환로 333길 36 , 4층 (서초동)	02)6120-0258	양조기초, 심화, 응용 이론 및 제조 방법 등

09

주세·출고가격 계산 방식 및 세금의 기초

🥣 1 주류의 출고가격 계산과 신고방법은 어떻게 되나요?

주류의 제조장 출고가격을 변경(신규포함)하려면 변경일이 속하는 분기의 다음 달 25일까지 출고가격신고서를 관할 세무서장에게 제출해야 합니다.

주정에 대한 주세의 과세표준은 주류제조장에서 출고한 수량이나 수입신고하는 수량으로 합니다. 2020년 1월 1일부터 주세법이 개정되어 탁주와 맥주에 대한 과세체계도 종가세에서 종량세로 전환되었습니다. 탁주와 맥주에 대한 주세를 종량세로 전환하되, 세율은 소비자물가상승률을 반영하여 매년 변경되도록 하고, 생맥주에 대해서는 2년간 한시적으로 20% 경감된 세율을 적용할 예정입니다.

주정 외의 주류에 대한 주세의 과세표준은 주류제조장에서 출고하는 경우에는 출고하는 때의 가격으로 하고, 수입하는 주류의 경우에는 수입신고를 하는 때의 가격(관세의 과세가격과 관세를 합한 금액)으로 합니다.

주세법상 주류 세율(2022년부터 시행)

- 종량세 : 출고량에 따라 일정한 금액의 세율을 적용
  - 적용대상 : 주정(1㎘당 57,000원씩 부과), 탁주(1㎘당 42,900원씩 부과)
    맥주(1㎘당 855,200원씩 부과)

- 종가세 : 제품 가격에 따라 일정세율을 적용
  - 적용대상 : 주정, 탁주, 맥주를 제외한 모든 주류

구분	발효주류				증류주류	기타주류	
	탁주	약주	청주 과실주	맥주	소주, 위스키, 브랜디, 일반증류주, 리큐르	발효주	증류주 혼성주
주세율	1㎘당 42,900원	30%	30%	1㎘당 855,200원	72%	30%	72%
교육세율	–	–	10%	30%	30%	10%	30%
부가세율	10%						

※ 전통주의 경우 교육세율은 주세의 10% 적용
※ 별도 추출장치를 사용하는 8리터 이상의 판매용기로 '23. 12. 31. 이전에 반출하는 맥주는 1㎘당 684,100원

세율 = 직전년도 12월 31일 기준 세율 × (1+「통계법」 제3조에 따라 통계청장이 발표하는 직전년도의 소비자물가상승률)

종가세를 적용하는 주류의 출고가격을 어떻게 계산하냐구요?

출고가격 = 과세표준(제조원가 + 이윤) + 주세 + 교육세 + 부가가치세입니다.

사례

과실주의 제조원가 950원에 이윤 50원을 붙였을 경우 출고가격

1. 과세표준 = 제조원가 950원 + 이윤 50원 = 1,000원
2. 주세 = 1,000원×주세율 30% = 300원
3. 교육세 = 주세 300원 ×교육세율10% = 30원
4. 부가가치세 = (과세표준 1,000원 + 주세 300원 + 교육세 30원)×10% = 133원

출고가 = 과세표준 1,000원 + 주세 300원 + 교육세 30원 + 부가가치세 133원 = 1,463원

과세표준 항목에서 제외되는 부분은 (1) 주류를 넣을 목적으로 특별히 제조된 도자기병과 이를 포장하기 위한 포장물의 가격 (2) 주류의 용기 또는 포장에 붙여 출고되는 전자인식표의 가격 (3) 전통주에 사용되는 모든 용기 대금과 포장비 용입니다.

 여기서 잠깐!

맥주·탁주에 대한 주류 가격신고 의무 폐지

(기존)
「주세법」에 따르면 주류제조자는 주류 가격 변경 또는 신규 제조 주류 출고 시 해당 가격을 국세청장에게 신고하도록 하고, 첨부서류에 제조원가계산서 및 산출근거를 제출하도록 하고 있습니다. 하지만 종가세로 운영하던 맥주·탁주의 경우 과세표준(가격) 적정여부 검증 등을 위한 가격신고제를 종량세로 전환함으로써 이 제도의 실익이 낮아졌으므로 개정하게 되었습니다.

(개선)
종량세로 주세를 신고하는 주종인 맥주·탁주의 경우 가격신고 의무를 폐지하였습니다.

2 전통주의 50% 경감세율은 어떻게 적용되나요?

전통주의 50% 경감세율의 적용은 아래와 같습니다.

1. 발효주: 신규면허 또는 직전주조연도의 과세대상 출고수량을 기준으로 500㎘ 이하로 제조하는 발효주류 중 해당 주조연도의 과세대상 출고수량 중 먼저 출고된 200㎘
2. 증류주: 신규면허 또는 직전주조연도의 과세대상 출고수량을 기준으로 250㎘ 이하로 제조하는 증류주류 중 해당 주조연도의 과세대상 출고수량 중 먼저 출고된 100㎘

3 소규모주류의 출고가격 산출은 어떻게 하나요?

1) 소규모 약주, 청주의 과세표준(가격) 경감

최종소비자, 제조자의 영업장, 식품접객업 영업허가·신고자에게 판매
통상의 제조수량에 따라 계산되는 제조원가에 통상이윤상당액(제조원가의 10%)을 가산한 금액에 해당 주조연도의 과세대상 출고수량을 기준으로 하여 아래 구분에 따른 비율을 곱한 금액으로 합니다.

① 먼저 출고된 5㎘ 이하 : 100분의 60
② 이후 출고된 5㎘ 초과 수량 : 100분의 80
* 제조원가 = 원료비 + 부원료비 + 노무비 + 경비 + 일반관리비(판매비 포함) 중 당해 주류에 배부되어야 할 부분으로 구성되는 총금액

슈퍼, 편의점, 마트, 주류백화점에 판매

통상가격에 해당 주조연도의 과세대상 출고수량을 기준으로 아래 구분에 따른 비율을 곱한 금액으로 합니다.

① 먼저 출고된 5㎘ 이하 : 100분의 60

② 이후 출고된 5㎘ 초과 수량 : 100분의 80

2) 소규모 탁주, 맥주의 과세표준(가격) 경감

소규모 탁주

해당 주조연도에 제조장에서 실제 출고한 수량에 아래 구분에 다른 비율을 곱한 수량으로 합니다.

① 먼저 출고된 5㎘ 이하 : 100분의 60

② 이후 출고된 5㎘ 초과 수량 : 100분의 80

소규모 맥주

해당 주조연도에 제조장에서 실제 출고한 수량에 아래 구분에 다른 비율을 곱한 수량으로 합니다.

① 먼저 출고된 200㎘ 이하 : 100분의 40

② 이후 출고된 200㎘ 초과 500㎘ 이하의 수량 : 100분의 60

③ 이후 출고된 500㎘ 초과 수량 : 100분의 80

④ 쌀 함량 20%이상인 맥주 : 출고수량 전체의 100분의 30

* 위탁 제조한 주류는 소규모주류제조자에 대한 과세표준 특례 적용대상에서 제외됨.

4 주세를 신고하는 시기는 언제인가요?

매분기 주류 제조장에서 출고한 주류의 종류, 알코올분, 수량, 가격, 세율, 산출세액, 공제세액, 환급세액, 납부세액 등을 적은 신고서를 출고한 날이 속하는 분기의 다음 달 25일까지 관할 세무서장에게 제출하면 됩니다.

이때 출고된 것으로 보는 경우는 다음과 같습니다.

1) 제조장에서 마신 경우
2) 주류 제조면허가 취소된 경우로서 주류가 제조장에 남아 있는 경우
3) 제조장에 있는 주류가 공매 또는 경매되거나 파산절차에 따라 환가된 경우
4) 제조장에 있는 주류가 부가가치세법에 따라 재화의 공급으로 보는 경우에 해당하는 경우

5 주류제조자가 납세증명표지를 신청하려면 절차가 어떻게 되나요?

납세증지란 주세의 납세 또는 면세 사실을 증명하여 관할 세무서장으로부터 교부받아, 파손하지 않고는 음용할 수 없도록 첨부하는 것을 말합니다.

주류제조자는 병입한 주류에 납세증지를 첨부하거나 납세병마개를 사용해야 하며, 납세증지는 파손하지 않고는 음용할 수 없도록 첨부해야 합니다. 납세병마개 또는 납세증표를 사용하고자 할 경우에는 출고 예정일 1일 전까지 관할 세무서장에게 사용신고서를 제출해야 합니다.

생맥주와 관입하는 주류 등 납세증지 첨부 또는 납세병마개 사용이 어려운 경

우 납세증표를 첩부하여야 하며, 반입시 신고 및 수불상황을 주류 제조부에 기재해야 합니다.

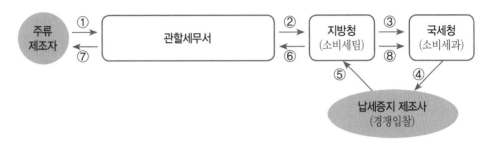

〈납세증지 신청 절차〉

① 증지소요량신청 ② 지방청신청(분기 개시 40일 전까지)

③ 국세청에 신청(30일 전까지) ④ 인쇄의뢰

⑤ 인쇄 후 지방청장에게 인도 ⑥ 신청 세무서에 교부

⑦ 주류제조자에게 교부 ⑧ 국세청장에게 보고

납세증지 첩부대상 주류의 종류

1. 청주, 맥주, 과실주, 소주, 위스키, 브랜디, 일반증류주, 리큐르, 기타주류
2. 직전 주조연도 연간 출고량이 10,000㎘ 이상인 탁주
3. 직전 주조연도 연간 출고량이 1,000㎘ 이상인 약주
4. 5ℓ를 초과하는 판매용기를 사용하는 탁주, 약주

* 제조장에서 직접 음용하는 고객에게 판매할 경우 납세표지를 생략할 수 있음

 여기서 잠깐!

맥주 · 탁주의 납세증명표시 표시사항 간소화

(기존)

현재 「납세증명 표지 제조자 등이 지켜야 할 사항」 고시 제2조 규정에 따르면 주류제조자는 주류의 용기에 주류의 종류, 상표명, 규격, 용량 등이 표시된 납세증명표지를 첨부하도록 하고 있습니다. 납세증명표시 제조업체는 생산비 등을 감안하여 1회에 구입할 수 있는 최소 수량을 설정하고 있습니다. 납세병마개 5만 개 이상, 납세증지 500매 이상이 되다 보니 다품종 소량 생산하는 소규모 주류제조자는 제품 종류(상표)별로 필요 이상의 납세증명표지를 구입해야 하는 등 불필요한 비용이 발생한다는 민원이 다수 발생하여 이를 개정하게 된 것입니다.

(개선)

맥주 · 탁주 제조자의 경우 납세증명표지 표시의무 사항 중 상표명과 규격을 주류제조자명으로 대체하여 상표별, 규격별로 별도의 납세증명표지를 구매하지 않게 함으로써 소규모 주류 제조업체의 비용 절감 효과를 가져올 것으로 기대됩니다.

(「납세증명표지 제조자 등이 지켜야 할 고시」, 「주세납세증명표지에 관한 주류제조자가 지켜야 할 고시」)

 여기서 잠깐!

전통주 제조자의 납세증명표지 첩부 의무 완화

(기존)

현재 「주세납세증명표지에 관한 주류제조자가 지켜야 할 사항」 고시 제2조 규정에 따르면 연간 출고량이 1만kℓ 미만인 탁주와 1천kℓ 미만인 약주를 제외한 모든 주류에는 납세증명표지를 첩부하도록 하고 있습니다. 이로 인해 출고량이 적고 영세한 전통주 제조업체들의 부담이 가중되고 있다는 의견이 많아 이를 개정하게 되었습니다.

(개선)

탁주·약주 제조자와 같이 연간 출고량이 일정 수준 이하인 전통주에 대해서도 납세증명표지 첩부 의무를 면제하여 납세 협력 비용을 축소하였습니다.

[납세증명표지 첩부 면제 대상]

– 관할 세무서의 승인을 받아 자동계수기를 설치한 경우

– 제조장에서 직접 음용하는 고객에게 판매한 경우

직전주조연도 출고량이 일정 규모 미만인 주류제조업체에서 생산하는

① 탁주   ② 약주   ③ 전통주

- 탁주(1만kℓ 미만), 약주(1천kℓ 미만)
- 전통주로서 발효주류 등(500kℓ 미만)
- 전통주로서 증류주류 등(250kℓ 미만)

(「주세납세증명표지에 관한 주류제조자가 지켜야 할 고시」 개정)

6 주류관련 면허자의 범위는 어떻게 되며, 면허장소 외의 곳에서 제조 또는 판매를 할 수 있나요?

이 질문은 두가지로 나눠 볼 수 있습니다. 첫째는 주류 관련 면허자의 범위가 어떻게 되는가, 둘째는 면허장소 외의 곳에서 추가로 주류를 제조하거나 판매할 수 있는가의 문제입니다.

첫째 질문의 답변은 다음과 같습니다.

주류 등의 제조 또는 판매의 면허를 받을 수 있는 자는 주류 등의 제조 또는 판매업을 자기 명의로 하는 자에 한합니다. 따라서 민법 또는 상법에 따른 대리자(지배인·법정대리인·재산관리인 등을 말한다)는 등기 또는 등기의 내용에 관계없이 주류 등의 제조 또는 판매업에 관한 면허를 받을 수 없습니다.

따라서 면허를 받은 자가 자연인인 경우 이를 법인으로 갱신(법인을 자연인으로서 갱신하는 경우도 마찬가지다)하고자 할 경우 또는 공동으로 받은 면허자의 일부를 갱신하고자 하는 경우에는 새로이 면허를 받아야 합니다.

두 번째 질문의 답변은 다음과 같습니다.

면허를 받은 자가 면허되지 않은 장소에서 주류 등을 제조하거나 판매하였을 경우에는 해당 주류 등에 대하여 주세법규에 따른 제반검사와 과세처분을 받았다 하더라도 무면허제조 또는 무면허판매행위로 봅니다. 따라서 면허장소 외의 곳에서는 술을 제조하여 판매할 수 없습니다.

주류 매출세금계산서(합계표) 작성과 제출 방식은 어떻게 되나요?

주류제조업자·수입업자, 주류도매업자·중개업자(슈퍼·연쇄점 본지부, 농·수산업협동조합, 축산업협동조합, 신용협동조합)는 주류 매출세금계산서 또는 세금계산서 합계표를 작성하여 제출해야 합니다.[주류 매출세금계산서(합계표) 작성 및 제출에 관한 명령위임 고시]

1) 매출세금계산서(합계표)의 작성은 주류판매분과 기타 상품(용역 포함) 판매분을 구별하여 별지로 작성해야 합니다.

2) 주류판매분 전자세금계산서를 작성할 때에는 거래한 모든 품목에 대하여 품목명, 규격, 수량, 단가, 공급가액, 세액을 모두 기재해야 하고, 거래 품목이 100개 이상인 경우 별개의 전자세금계산서를 작성해야 하며, 품목명, 규격, 수량을 구분하여 작성해야 합니다.

　　가. 품목명
　　　　① 바코드(현재 등록·사용 중인 병 바코드)
　　　　② 용도구분(2자리, 대형 매장용 01, 가정용 02, 유흥음식점용 03, 기타 04)
　　　　③ 주종구분(2자리, 주정 01, 탁주 02, 약주 03, 청주 04, 맥주 05, 과실주 06, 증류식소주 07, 희석식소주 08, 위스키 09, 브랜디 10, 일반증류주 11, 리큐르 12, 기타주류 13)

> 예시 : 8801234567890;01;01 ○○소주

　　나. 규격 : 용량
　　다. 수량 : 병(본) 수

3) 주류판매분 매출세금계산서(합계표)의 '비고'란에는 "주류"라고 기재하여야 합니다.

4) 사업자단위과세사업자의 종사업장에 주류를 공급할 때에는 종사업장별로 세금계산서를 작성하여야 하며, 전자세금계산서를 발행할 때에는 종사업자의 일련번호 4자리를 기재하여야 하고, 수동세금계산서를 발행할 때에는 '비고'란에 실제 주류를 공급받는 사업장 소재지 및 상호를 기재해야 합니다.

 ✦ 여기서 잠깐!

전통주 양조장 투어 등 산업관광 활성화를 위한 세제 지원

(기존)

「조세특례제한법」 제115조 규정에 따르면 주한외국군인 및 외국인선원 전용 유흥음식점에서 제공하는 주류에 대해서만 주세를 면제하고 있습니다. 이로 인해 양조장에 방문한 외국인 관광객에게 술을 제공할 경우 주류제조장 사업자가 주세를 납부해야 하는 상황인 것입니다.

(개선)

일본의 경우 주류제조자가 제조장에서 직접 제조한 주류를 외국인 관광객에게 판매하는 경우 주세를 면제해주고 있습니다. 우리도 관련 법령을 개정하여 전통주 및 소규모주류 제조장에 방문하는 외국인 관광객에게 직접 판매하는 주류에 대해서는 주세를 면제합니다.

(조세특례제한법 개정)

주류제조자의 **직매장**과 **하치장** 설치

1 주류제조자 직매장 면허는
어떤 경우에 받을 수 있나요?

직매장이란 주류의 제조자 자기의 사업과 관련하여 생산 또는 취득한 주류를 직접 판매하기 위하여 특별히 판매시설을 갖춘 장소로서 면허시에 사업범위를 직매장으로 지정받은 장소를 의미합니다.

주류제조(양조장)를 운영하는 자가 주류를 공급 할 때 수요자와의 거리가 너무 멀리 떨어져있을 경우 주류를 원활하게 공급하기 위해 관할 세무서장의 허가를 받아 직매장을 설치할 수 있도록 허용하고 있습니다.

이때 직매장의 시설기준은 대지 200m² 이상, 창고 100m² 이상이어야 합니다.

단, 탁주, 약주, 전통주 제조자와 소규모주류제조자 중 청주와 맥주를 제조하는 자는 직매장 시설기준을 적용받지 않습니다.

여기서 주의할 점은 주류판매업자의 직매장(지점·분점 등 포함) 면허는 발급하지 않습니다. 다만, 슈퍼·연쇄점의 본부가 지역에 지부를 설치한 경우와 주류중개업면허(가)를 받은 법인이 본점 소재지 이외 지역에 지점을 설치하는 경우, 주류소매업(여기서 의제주류판매업은 제외)을 영위하기 위해 지점을 설치하는 경우에는 면허를 발급받을 수 있다는 점도 기억해두시기 바랍니다.

② 주류제조·판매업자는 하치장을 따로 설치할 수 있다고 하는데, 어떤 경우에 가능한가요?

하치장이란 주류제조자가 직접 생산한 주류와 주류판매업자가 직접 구입한 주류를 보관하고 관리하는 시설만 갖춘 장소를 말합니다.

주류제조자의 하치장은 2 이상의 주류제조자가 군납주류의 배송을 위하여 공동 하치장을 설치한 경우와 민속주 및 지역특산주의 경우에는 관할 세무서장의 승인을 받아 설치할 수 있습니다.

주정판매업자 이외의 주류도매업자 및 주류중개업자의 하치장은 해당 판매장 소재지의 같은 시(특별시와 광역시 포함)·군내에 위치한 한 곳에만 설치할 수 있습니다.

다만, 주류수입업자 및 특정주류도매업자는 판매장 소재지의 같은 시·군 이외의 지역에 추가로 두 곳을 설치할 수 있습니다.

2 이상의 주류도매업자 또는 주류중개업자가 공동배관, 공동배송을 목적으로 물류창고를 건립하여 사용하려는 경우에는 연접한 시·군 지역에 1개의 하치장(공동집배송센터)을 설치할 수 있습니다. 이런 경우 입·출고 등 재고 관리는 사업자별로 따로 구분하여 관리해야 합니다.

또 주류중개업자의 경우에는 주류중개업자 간에 공동집배송센터를 설치하도록 하고 있고, 이때에는 관할 지방국세청장의 승인을 얻어야 합니다.

주류하치장을 설치할 때에는 사전에 하치장 관할 세무서장에게 승인을 받아야 합니다. 주류판매업 면허장소와 하치장의 관할 세무서가 다른 때에는 하치장

관할 세무서장이 주류판매장 관할 세무서장에게 승인내용을 통보하도록 하고 있습니다.

또 하치장을 폐지할 때에는 하치장 관할 세무서장에게 폐지신고를 해야 합니다.

③ 면허받은 사업장 외 주류를 보관만 하는 장소가 필요한 경우 이때에도 사업자등록을 해야 하나요?

부가세법상 상품을 보관 및 관리하면서 본사 지시에 의하여 상품을 인도하는 장소는 하치장설치신고서를 제출하면 별도의 사업자등록을 하지 않아도 됩니다.

상품판매의 경우 독자적으로 매매거래를 하지 않고, 다만 상품을 보관·관리하면서 타 사업장(본사)의 지시에 의하여 상품을 인도하여 주는 데에 불과한 장소는 하치장에 해당하는 것이며, 하치장설치신고서를 해당 하치장을 둔 날부터 10일 이내에 하치장 관할 세무서장에게 제출하여야 합니다(부가세법시행령제9조).

만약 관할 세무서장의 승인을 받은 주류하치장의 경우에는 하치장설치신고서 제출을 생략할 수 있습니다.

④ 주류 제조 및 판매업을 하다가 사업장 이전을 하려면 변경신고를 해야 하나요?

주류·밑술 또는 술덧의 제조자나 주류판매업자가 그 제조장 또는 판매장을 이전하려면 법 제11조 규정에 의해 이전 사유 및 해당하는 사항을 기재한 신고서와 첨부서류를 이전 예정일 15일 전에 전입지 관할 세무서장에게 제출해야 합니다.

신고를 받은 관할 세무서장은 이전예정인 제조장 또는 판매장의 시설이 기준에 적합한 경우 신고일부터 15일 이내 면허증을 경신하여 교부하게 됩니다.

단, 법인인 사업자의 대표자 및 임원이나 상호명을 변경하고자 하는 경우에는 이의 등기일로부터 30일 이내에 관할 세무서장에게 신고하면 됩니다. 이때 사업자등록 변경 신청서를 작성하고 면허증 원본을 가지고 관할 세무서에 방문하셔서 변경신청하세요.

4장

주세법 **행정처분** 유형과 **법령해석** 사례

주세법위반 유형에 따른 행정처분

1. 주세법의 목적과 주류 면허제도 도입 취지

주류는 그 소비에 관하여 조세를 부과함으로써 국가재정을 확보하는 데 용이한 반면 무절제한 소비나 적정한 제조·판매 기준을 갖추지 못한 주류의 공급으로 인하여 국민보건이나 국가경제에 악영향을 미칠 수도 있습니다.

주세법은 위와 같은 주류의 특성을 고려하여 기본적으로 국가재정의 확보를 위하여 주세의 부과·징수를 위한 내용들을 규정하고 있는 한편, 주류의 제조·유통과정을 규율하기 위한 내용들도 규정하고 있는데, 구체적으로는 주류의 종류 및 규격, 주류 제조·판매업 면허, 주류 제조·판매업의 정지 및 면허취소 등에 관하여 규정하고 있습니다.

위와 같이 주류의 제조·유통과정을 규율하는 내용은 주류의 무절제한 소비로부터 야기될 수 있는 국민보건상 위험이나 사회·경제적 비용증가 등을 방지하기 위한 것이기는 하나 다른 한편, 주류의 제조·유통과정을 투명하게 하고 주류의 규격 및 품질을 일정 수준 이상으로 보장함으로써 주류산업의 건전한 발전을 도모하며, 안정적으로 정확한 세원을 확보하기 위한 것이기도 합니다(헌재 2016.

12. 29. 선고 2015헌바229 결정 참조).

주세법이 주류의 제조 및 판매업에 관하여 면허제도를 채용한 취지는 주세수입을 효과적으로 확보하여 국가의 재정수요에 충당하는 한편 주류의 유통과정을 담당하면서 사실상 주세를 징수하는 중간징수기관의 역할도 하게 되는 주류 판매업자의 난립을 방지하여 거래의 혼란을 막고 주세의 징수에 관하여 불안이 없도록 감독을 하려는 데 있습니다(대법원 1994. 4. 26. 선고 93누21668 판결 참조).

이러한 취지와 목적을 달성하기 위하여 주세법에는 여러 가지 규정을 구체적으로 명시하고 있으며, 이미 이 책 앞에서 주류의 종류, 규격기준, 면허의 종류와 그에 따른 제조 및 판매를 위한 기준 및 조건 등에 대해서는 살펴보았습니다.

이 장에서는 주세법에서 정한 주류 제조·판매업의 정지 및 면허취소 규정을 살펴보고자 합니다. 면허를 취득하고 사업을 영위하면서 사소한 착오나 경미한 과실로 주세법령을 위반하는 경우가 있으며, 이로 인해 소비자에게 중대한 피해가 발생할 수 있습니다.

사유가 어찌되었든 법령을 위반하게 되면 그에 따른 행정처분 등이 뒤따르게 됩니다. 따라서 주류관련 사업을 하고 있거나 창업을 준비한다면 주세법령을 숙지하여야 예상하지 못한 리스크를 방지할 수 있습니다.

특히, 주류의 제조 또는 출고의 정지, 주류 제조면허의 취소, 주류 판매 정지처분 등, 주세 보전명령, 영업정지 등의 요구, 몰취(沒取), 과태료 처분에 관한 규정은 꼼꼼하게 살펴 관련 규정 위반에 주의하시기 바라며, 좀 더 자세한 내용은 주세법령과 고시를 참고하시기 바랍니다.

2. 주류의 제조 또는 출고의 정지

주세법에는 주류 제조면허를 받은 자가 아래의 규정에 해당하는 경우 관할 세무서장은 3개월 이내의 기간을 정하여 주류의 제조 또는 출고의 정지처분을 하여야 한다고 명시되어 있습니다. 관할 세무서장은 이러한 주류의 제조 또는 출고의 정지를 명령을 하더라도 반제품(半製品)이 있을 때에는 주류의 제조나 그 밖에 필요한 행위를 계속하게 할 수 있습니다.

1. 주류에는 「식품위생법」 등에서 정하는 위생 관계 법령에 위반되는 유해한 성분이 포함되어서는 아니 되어야 하나 이를 위반하여 주류를 제조한 경우

2. 제조장을 이전하려는 경우 관할 세무서장에게 신고하여야 하나 신고를 하지 않거나 거짓 신고를 하고 주류 제조장을 이전한 경우

3. 관할 세무서장은 주세 보전을 위해 필요하다고 인정되면 주류제조자에 대하여 주세에 대한 담보를 제공하거나 납세 보증으로서 주세액에 상당하는 가액(價額)의 주류를 보존할 것을 명령할 수 있는데, 이러한 명령에 위반하여 담보의 제공 또는 주류의 보존을 하지 아니한 경우

4. 국세청장은 농림축산식품부장관이 양곡(糧穀)의 수급 조절을 위하여 필요하다고 인정하여 요구하는 경우와 주류의 품질 관리 또는 주류의 수급 조절을 위하여 필요하다고 인정되는 경우에는 주류 제조면허를 받은 자의 주류 제조에 필요한 원료의 종류와 수량을 지정할 수 있는데, 이러한 지정사항을 위반한 경우

5. 주류·밑술 또는 술덧의 제조자나 주류판매업자는 제조·저장 또는 판매에 관한 사항을 장부에 기록하여야 하나 이러한 장부 기록의무를 고의로 위반한 경우

6. 「조세범 처벌법」에 명시되어 있는 납세증명표지의 불법사용, 즉 납세증명표지를 재사용하거나 정부의 승인을 받지 아니하고 이를 타인에게 양도한 경우, 납세증명표지를 위조하거나 변조한 경우, 위조하거나 변조한 납세증명표지를 소지 또는 사용하거나 타인에게 교부한 경우

7. 주세를 포탈한 경우

8. 주류의 규격을 위반하여 주류를 제조한 경우

9. 주세 체납기간이 3개월을 초과한 경우

10. 「부가가치세법」에 따른 과세기간별로 「조세범 처벌법」에 따른 세금계산서 교부의무 등을 위반한 금액이 총주류매출금액(총주류매입금액이 총주류매출금액보다 큰 경우에는 총주류매입금액을 말한다)의 1,000분의 5 이상 1,000분의 50 미만인 경우

3. 주류 제조면허의 취소

주세법에는 주류 제조면허를 받은 자가 아래의 규정에 해당하는 경우 관할 세무서장은 그 주류 제조장에 대한 모든 주류 제조면허를 취소하여야 한다고 명시되어 있습니다. 관할 세무서장은 이러한 주류 제조면허 취소를 명령을 하더라도 반제품(半製品)이 있을 때에는 주류의 제조나 그 밖에 필요한 행위를 계속하게 할 수 있습니다.

1. 부정한 방법으로 주류 제조면허를 받은 경우

2. 주류제조자가 허가받은 직매장 중 하나 이상의 직매장에서 「부가가치세법」에 따른 과세기간별로 「조세범 처벌법」에 따른 세금계산서 교부의무 등을 위반한 금액이 그 주류제조자가 허가받은 모든 직매장의 총주류매출금액(총주류매입금액이 총주류매출금액보다 큰 경우에는 총주류매입금액을 말한다)의 1,000분의 50 이상인 경우

3. 주류를 제조하려는 자는 주류의 종류별로 주류 제조장마다 시설기준과 그 밖의 요건을 갖추어 관할 세무서장의 면허를 받아야 하며, 같은 주류 제조

장에서 면허받은 주류의 종류 외의 주류를 제조하려는 경우에도 관할 세무서장의 면허를 받아야 하는데, 이러한 면허 요건을 갖추지 못하게 된 경우. 이 경우 모든 주류면허 취소가 아닌 해당 주류의 주류제조면허에 한정하며, 시설기준에 미달한 경우에는 보완 명령을 받고 이를 이행하지 아니한 경우에 한하여 제조면허가 취소될 수 있습니다.

4. 관할 세무서장은 주류·밑술 또는 술덧의 제조면허나 주류판매업면허를 할 때 주세 보전을 위하여 필요하다고 인정되면 면허 기한, 제조 범위 또는 판매 범위, 제조 또는 판매를 할 때의 준수사항 등을 면허의 조건으로 정할 수 있습니다. 이러한 면허 조건을 위반한 경우. 이 경우 모든 주류면허 취소가 아닌 해당 주류의 주류제조면허에 한정되어 취소될 수 있습니다.

5. 면허 신청인, 신청법인 또는 전환법인이 자격을 갖추지 못하였거나 관련법에 따라 처벌 또는 처분을 받은 경우

    5-1. 면허 신청인 또는 주류·밑술·술덧의 제조면허 또는 주류판매업면허를 받은 자가 그 사업에 관한 모든 권리와 의무를 포괄적으로 승계시켜 법인으로 전환되는 법인(이하 "전환법인"이라 한다)의 신고인이 미성년자, 피한정후견인 또는 피성년후견인인 경우로서 그 법정대리인이 면허가 취소된 후 일정 기간이 지나지 않았거나, 세금관련 처벌 또는 처분, 금고 이상의 실형이나 집행유예를 받고 일정 기간이 지나지 않은 경우

    5-2. 면허 신청법인 또는 전환법인의 경우 그 임원 중에 면허가 취소된 후 일정 기간이 지나지 않았거나 세금관련 처벌 또는 처분, 금고 이상의 실형이나 집행유예를 받고 일정 기간이 지나지 않은 등 어느 하나에 해당하는 사람이 있는 경우

    5-3. 면허 신청인 또는 전환법인 신고인이 면허가 취소된 후 일정 기간이 지나지 않았거나 세금관련 처벌 또는 처분, 금고 이상의 실형이나 집

행유예를 받고 일정 기간이 지나지 않은 등 어느 하나에 해당하는 사람을 제조장 또는 판매장의 지배인으로 하려는 경우

5-4. 면허 신청인이 국세 또는 지방세를 50만 원 이상 포탈하여 처벌 또는 처분을 받은 후 5년이 지나지 아니한 경우

5-5. 면허 신청인이 「조세범 처벌법」에 따라 재화 또는 용역을 공급하지 아니하거나 공급받지 아니하고 세금계산서를 발급받거나 세금계산서합계표를 거짓으로 기재하여 제출한 행위를 한 자와 이러한 행위를 알선하거나 중개하여 처벌을 받은 후 5년이 지나지 아니한 경우

5-6. 면허 신청인이 금고 이상의 실형을 선고받고 그 집행이 끝나거나(집행이 끝난 것으로 보는 경우를 포함한다) 집행이 면제된 날부터 5년이 지나지 아니한 경우

5-7. 면허 신청인이 금고 이상의 형의 집행유예를 선고받고 그 유예기간 중에 있는 경우

6. 주류의 제조 정지처분 또는 출고 정지처분을 받은 자가 그 기간에 다시 주류의 제조 정지처분 또는 출고 정지처분에 해당하는 규정을 위반한 경우

7. 납세증명표지를 위조·변조 또는 파손해서 사용하거나 위조·변조 또는 파손된 납세증명표지를 가지고 있는 경우

8. 「부가가치세법」에 따른 과세기간별로 「조세범 처벌법」에 따른 세금계산서 교부의무 등을 위반한 금액이 총주류매출금액(총주류매입금액이 총주류매출금액보다 큰 경우에는 총주류매입금액을 말한다)의 1,000분의 50 이상인 경우

9. 재화 또는 용역을 공급하지 아니하거나 공급받지 아니하고 세금계산서를 발급받거나 세금계산서합계표를 거짓으로 기재하여 제출한 행위를 알선하거나 중개한 범칙행위를 한 경우

10. 탁주는 50만 원 이상, 탁주·맥주를 제외한 발효주류 및 기타 주류는 200만 원 이상, 주정 및 증류주류는 500만 원 이상, 맥주는 1천만 원 이상의

주세를 포탈한 경우

11. 2주조연도(酒造年度) 이상 계속하여 주류를 제조하지 아니한 경우

12. 1주조연도 중 3회 이상 주세를 포탈한 경우

13. 같은 주류 제조장에서 제조면허를 받은 주류가 아닌 주류를 제조한 경우

14. 주류 제조면허를 타인에게 양도 또는 대여한 경우

15. 타인과 동업(同業) 경영을 한 경우

16. 주류 제조면허를 받은 자가 부재자(不在者)인 경우로서 공증인의 공증(公證)에 의하여 주류의 제조에 관한 모든 권한을 위임받은 대리인 또는 지배인을 선임(選任)하지 아니하고 국내에 거주하지 아니하게 되었거나 실종된 경우

17. 주류 제조면허를 받은 자가 부재자이면서 제한능력자인 경우로서 「상법」에 따른 법정대리인이 없는 경우

18. 「전통주 등의 산업진흥에 관한 법률」에 따라 시·도지사는 전통주를 제조하려는 자에 대하여 국세청장에게 주류제조면허를 추천할 수 있는데, 이러한 제조면허 추천을 받아 주류 제조면허를 받은 자가 추천대상·요건·방법·관리 및 추천 결과보고 등의 추천요건을 위반한 경우

4. 주류 판매 정지처분

주세법에는 주류 판매면허를 받은 자가 아래의 규정에 해당하는 경우 관할 세무서장은 3개월 이내의 기간을 정하여 판매 정지처분을 하여야 한다고 명시되어 있습니다.

1. 주류·밑술 또는 술덧의 제조면허나 주류판매업면허를 받은 자가 그 판매

장을 이전하려는 경우에는 전입지 관할 세무서장에게 신고하여야 하나 이에 따른 신고를 하지 아니하거나 거짓 신고를 하고 판매장을 이전한 경우

2. 납세증명표지가 없는 주류를 판매하거나 보유한 경우

3. 주류·밑술 또는 술덧의 제조자나 주류판매업자는 제조·저장 또는 판매에 관한 사항을 장부에 기록하여야 하나 이에 따른 장부 기록의무를 고의로 위반한 경우

4. 「부가가치세법」에 따른 과세기간별로 「조세범 처벌법」에 따른 세금계산서 교부의무 등을 위반한 금액이 총주류매출금액(총주류매입금액이 총주류매출금액보다 큰 경우에는 총주류매입금액을 말한다)의 1,000분의 10 이상 1,000분의 100 미만인 경우

5. 주류판매면허 취소

주세법에 따르면 관할 세무서장은 주류판매업면허를 받은 자가 아래의 규정에 해당하는 경우에는 그 면허를 취소하여야 하며, 관할 세무서장은 이러한 경우라 하더라도 재고품이 있을 때에는 판매나 그 밖에 필요한 행위를 계속하게 할 수 있습니다.

1. 부정한 방법으로 주류판매업면허를 받은 경우

2. 주류판매업(판매중개업 또는 접객업을 포함)을 하려는 자는 주류판매업의 종류별로 판매장마다 시설기준과 그 밖의 요건을 갖추어 관할 세무서장의 면허를 받아야 하나 이에 따른 면허 요건을 갖추지 못하게 된 경우. 하지만 시설기준에 미달된 경우에는 보완 명령을 받고도 이를 이행하지 않은 경우로 한정합니다.

3. 관할 세무서장은 주류·밑술 또는 술덧의 제조면허나 주류판매업면허를 할 때 주세 보전을 위하여 필요하다고 인정되면 면허 기한, 제조 범위 또는 판매 범위, 제조 또는 판매를 할 때의 준수사항 등을 면허의 조건으로 정할 수 있는데, 이러한 면허 조건을 위반한 경우

4. 주류판매업면허를 받은 자가 판매장을 이전하려는 장소가 국세청장이 세수(稅收) 보전, 주류의 유통·판매 관리 등에 부적당하다고 인정하여 지정·고시하는 장소 또는 국세청장이 인구, 주류 소비량 및 판매장의 수 등을 고려하여 주류의 수급(需給) 균형을 현저히 해칠 우려가 있다고 인정하여 지정·고시한 지역에 해당하는 경우에는 전입지 관할 세무서장의 허가를 받아야 하나, 이에 따른 허가를 받지 아니하거나 부정한 방법으로 허가를 받고 판매장을 이전한 경우

5. 「부가가치세법」에 따른 과세기간별로 「조세범 처벌법」에 따른 세금계산서 교부의무 등을 위반한 금액이 총주류매출금액(총주류매입금액이 총주류매출금액보다 큰 경우에는 총주류매입금액을 말한다)의 1,000분의 100 이상인 경우

6. 재화 또는 용역을 공급하지 아니하거나 공급받지 아니하고 세금계산서를 발급받거나 세금계산서합계표를 거짓으로 기재하여 제출한 행위를 알선하거나 중개한 범칙행위를 한 경우

7. 2주조연도 이상 계속하여 주류를 판매하지 아니한 경우

8. 주류를 가공하거나 조작한 경우

9. 주류 제조면허 없이 제조한 주류나 주세를 면제받은 주류를 판매 또는 보유한 경우

10. 주류판매업면허를 타인에게 양도 또는 대여한 경우. 하지만 법인으로 전환한 경우에는 양도로 보지 않습니다.

11. 타인과 동업 경영을 한 경우

6. 주세 보전명령(감량처분)

국세청장은 주세 보전을 위하여 필요하다고 인정되면 주류 · 밑술 또는 술덧의 제조자나 주류판매업자에게 제조, 저장, 양도, 양수, 이동, 설비 또는 출고 수량에 관한 명령을 할 수 있으며, 이러한 명령을 하는 경우에는 그 목적 달성에 필요한 최소한의 범위에서 하여야 하고, 주류 · 밑술 또는 술덧의 제조자나 주류판매업자에 대하여 합리적인 이유 없이 차별하거나 부당하게 이익을 침해하지 않도록 규정하고 있습니다.

이 법에 따른 출고량 감량처분의 기준은 위임규칙인 「불성실 주류제조자 · 수입업자 · 판매업자의 출고감량 기준 고시」에서 정하고 있습니다.

이 고시에 의하면 주류 거래질서 확립을 위한 준수사항 위반으로 주세법에 따라 처분을 받은 불성실 제조자 · 수입업자에 대한 출고량 감량기준은 처벌 횟수에 따라 일정 기간 내에 총 출고량의 10%~20%이며, 주류판매업면허 취소 또는 정지처분 후 법원으로부터 면허취소 또는 정지처분, 효력정지 결정을 받은 경우 확정판결일까지 50%의 감량처분을 받게 됩니다.

7. 영업정지 요구

관할 세무서장은 「식품위생법」에 따른 영업허가를 받은 장소에서 주류판매업을 하는 자가 납세증명표지가 없는 주류, 면허 없이 제조한 주류 또는 면세한 주류를 가지고 있거나 판매한 경우에는 해당 주무관청에 그 영업의 정지 또는 허가취소를 요구할 수 있으며, 이러한 요구를 받은 해당 주무관청은 특별한 사유가 없으면 영업의 정지 또는 허가취소를 명령하게 됩니다.

8. 몰취(沒取)

　주세법에 따라 관할 세무서장 등은 주류·밑술 또는 술덧의 제조면허를 받지 아니하고 제조한 물품과 이러한 물품의 제조에 사용된 기계, 기구 또는 용기, 그리고 납세증명표지를 하지 않은 물품에 대하여 제조자나 판매자가 소지하는 물품을 몰취(沒取)할 수 있습니다.

9. 과태료

　주세 보전명령이나 납세증명표지에 관한 명령을 위반하였거나 주류 제조면허를 받지 않고 제조한 주류, 수출이나 군부대 납품 등의 사유로 면세한 주류, 납세증명표지가 붙어 있지 않은 주류를 판매 목적으로 소지하거나 판매한 자 그리고 관련규정에 따른 검정을 받지 않은 기계, 기구 또는 용기를 사용한 자는 과태료 처분을 받을 수 있습니다.

법원과 국세청의
주세법 해석 사례

1. [헌재결정례] 세금계산서 교부위반 시 주류판매면허 취소는 직업선택의 자유를 침해하는지 여부

부가가치세법에 의한 과세기간별로 세금계산서 교부의무위반 등의 금액이 총 매출액의 100분의 10 이상인 때 주류판매업면허를 취소하도록 규정한 구 주세법(이하 '심판대상조항'이라 한다)이 직업선택의 자유를 침해하는지 여부에 대해,

헌법재판소는 심판대상조항이 세금탈루를 방지하고 주류산업의 건전한 육성을 위한 입법목적의 정당성이 인정되고, 세금계산서 교부의무는 주세 등의 세금에 영향이 크므로 이에 대한 감독의 필요성이 있으며, 제재를 하는 경우에도 절차적 기회를 보장하는 등의 법익 균형성도 갖추었다고 인정하며 이 조항이 과잉금지원칙에 위반되어 직업선택의 자유를 침해한다고 할 수 없어 헌법에 위반되지 않는다고 결정하였습니다.

구 주세법 제15조 제2항 위헌소원

[전원재판부 2012헌바178, 2014. 3. 27.]

심판대상조항은 일정 비율의 세금계산서 교부의무를 위반한 주류판매업자에 대하여 형사처벌과는 별도로 면허 취소라는 행정적 제재를 가함으로써 세금계산서의 성실한 수수와 교부를 담보하고 주세 기타 세금의 탈루를 방지하며, 주류산업의 건전한 육성을 위한 것인바, 이러한 입법목적에는 정당성이 인정되고, 심판대상조항은 위와 같은 입법목적 달성에 적합한 수단이다. 세금계산서는 부가가치세제도 운영의 기초가 되고, 주류 거래에 있어 세금계산서 교부의무위반은 주세뿐만 아니라 교육세, 부가가치세, 개별소비세 등 다른 세금에 미치는 영향이 크므로 이에 대한 감독 및 제재의 필요성은 더욱 강조된다. 입법자는 위반의 정도에 따라 제재의 정도를 달리하고, 제재를 하는 경우에도 청문 등 절차적 기회를 보장하고 필요한 행위를 계속할 수 있는 여지를 두는 한편, 2년 경과 후 면허 제한 사유를 해제하여 그 침해를 최소화하기 위한 장치를 두고 있고, 법익의 균형성도 갖추었다고 인정된다. 따라서 심판대상조항이 과잉금지원칙에 위반되어 청구인들의 직업선택의 자유를 침해한다고 할 수 없다.

2. [판례] 국세청의 주류면허신청서 반려처분은 재량권의 한계를 벗어난 위법인지 여부

주세법이 주류의 제조 및 판매업에 관하여 면허제도를 채용한 취지 및 국세청의 종합주류도매 면허신청서 반려처분이 헌법에 규정된 직업선택 및 영업의 자유를 부당히 침해하거나 재량권의 한계를 벗어난 위법한 것인지 여부에 대해,

대법원은 주세법이 주류의 제조 및 판매업에 관하여 면허제도를 채용한 취지는 주세수입을 효과적으로 확보하여 국가의 재정수요에 충당하는 한편 주세 징

수의 중간징수기관 역할도 하게 되는 주류판매업자의 난립과 거래 혼란을 막고,

이러한 취지에 비추어 주세사무해당지역의 인구수와 주류소비량을 고려하여 주류도매면허 업체 수를 제한하는 주세사무처리규정은 직업선택 및 영업의 자유를 부당히 침해하거나 재량권의 한계를 벗어난 위법한 것이라고 볼 수 없다고 판결하였습니다.

 종합주류도매면허신청서반려처분취소
[대법원 2001. 7. 27., 선고, 2000두3849, 판결]

주세법이 주류의 제조 및 판매업에 관하여 면허제도를 채용한 취지는 주세수입을 효과적으로 확보하여 국가의 재정수요에 충당하는 한편 주류의 유통과정을 담당하면서 사실상 주세를 징수하는 중간징수기관의 역할도 하게 되는 주류판매업자의 난립을 방지하여 거래의 혼란을 막고 주세의 징수에 관하여 불안이 없도록 감독을 하려는 데 있고 이와 같은 주류판매업 면허제도의 취지에 비추어 보면, 주세사무해당지역의 인구수와 주류소비량을 고려하여 주류도매면허 업체 수를 제한하려는 국세청 훈령 제1264호 주세사무처리규정 제14조는 그 합리성이 없는 것으로 보여지지 아니하므로, 이러한 규정 및 그에 따른 고시에 의거하여 한 종합주류도매면허신청서반려처분은 헌법에 규정된 직업선택 및 영업의 자유를 부당히 침해하거나 재량권의 한계를 벗어난 위법한 것이라고 볼 수 없다.

3. [판례] 면허조건은 사후부관인지와 상대방의 동의가 필요한지 여부

행정청이 주류면허를 주면서 면허조건으로 부관(예 : "무자료판매 및 위장거래의 금액이 부가가치세 과세기간별 총주류판매금액의 100분의 20 이상인 때에는 면허를 취소한다")을 붙이는데,

대법원은 이 부관이 나중에 새로이 붙이는 사후부관이라 보지 않으며, 일방적 행정행위로 상대방의 동의를 필요로 하지 않고, 그 제재의 내용이 너무 무거워 평등의 원리, 비례의 원칙, 과잉금지의 원리 등에 비추어 부관의 내용상의 한계를 벗어난 것이라고는 볼 수 없다고 판결하였습니다.

판례

주류도매업취소처분취소
[대법원 1992. 8. 18., 선고, 92누6020, 판결]

가. 행정청이 종합주류도매업 면허를 하면서 그 면허조건으로 "무자료판매 및 위장거래의 금액이 부가가치세 과세기간별 총주류판매금액의 100분의 20 이상인 때에는 면허를 취소한다"는 부관을 붙였다면 이는 행정청이 행정행위를 한 후에 새로이 붙이는 부관인 이른바 사후부관이라고 볼 수 없고, 또 위와 같은 면허는 이른바 일방적 행정행위로서 상대방의 동의를 필요로 하지 않는 것이다.

나. 위 "가"항의 부관이 구 주세법(1990. 12. 31. 법률 제4284호로 개정되기 전의 것) 제18조나 같은 법 시행령(1990. 12. 31. 대통령령 제13201호로 개정되기 전의 것) 제23조 제1항의 취지에 반하는 무효의 부관이라고 볼 수 없으며 위 부관이 제재수단으로서의 면허의 취소만을 정하고 있다고 하더라도, 주세법 제17조나 제18조의 면허취소 또는 정지의 사유와 비교하여 볼 때, 그 제재의 내용이 너무 무거워 평등의 원리 비례의 원칙 과잉금지의 원리 등에 비추어 부관의 내용상의 한계를 벗어난 것이라고는 볼 수 없다.

---

4. [판례] 지정조건(부관) 위반 시 행정처분의 대상이 되는지 여부

행정청이 주류면허를 주면서 지정조건을 붙이는데 이러한 지정조건이 법률에 근거가 있는지 다툼의 쟁점이 되는 경우가 있습니다. 즉 지정조건 위반을 사유로 면허취소처분을 할 수 있는가의 문제입니다.

주세법 제9조에는 관할 세무서장은 주류·밑술 또는 술덧의 제조면허나 주류 판매업면허를 할 때 주세 보전을 위하여 필요하다고 인정되면 면허 기한, 제조 범위 또는 판매 범위, 제조 또는 판매를 할 때의 준수사항 등을 면허의 조건으로 정할 수 있다고 규정하고 있으며, 이 규정에 근거하여 행정청은 주세사무처리규정 따라 주류 제조 및 판매 면허를 부여하면서「판매업면허의 사업범위 및 조건의 지정」을 합니다.

그리고 법원은 지정조건의 사유가 주세법의 면허취소 조항에서 정하는 면허 취소사유에 열거되지 아니하였다고 하더라도 위 지정조건이 법률의 근거가 없는 것으로서 무효의 부관이라고 볼 수 없다고 판시하였습니다.

따라서 주류제조업자, 판매자가 지켜야 할 지정조건(부관)은 법률의 근거가 없는 무효의 부관으로 볼 수 없고, 처분청의 면허취소가 공익보다는 면허를 취소할 불이익이 크다고 할 수 없는 경우 면허 취소사유에 해당한다고 볼 수 있습니다.

지금의 주세법에는 면허 취소사유에 제9조 면허의 조건을 위반할 경우를 추가하여 명확하게 함으로써 법적 근거를 마련하였습니다.

 주류면허 지정조건 위반은 면허 취소사유
[서울고등법원 2009누24933, 2010.04.08.]

(가) 지정조건(부관)의 효력에 대하여
살피건대, 원고의 이 사건 면허에 대한 지정조건은 주세법 제9조에 따른 지정조건(부관)으로 이른바 행정행위의 부관 중 수익적 행정행위에 대한 취소권의 유보로서, 수익적 행정행위의 취소사유가 법령에 정하여진 사유가 아니라고 하더라도 의무 위반이 있는 경우 사정변경이 있는 경우, 좁은 의미의 취소권이 유보된 경우, 또는 중대한 공익상의 필요가 발생한 경우 등에는 당해 행정처분을 한 행정청은 그 처분을 취소할 수 있다 할 것이고 주세법 제9조는 "관할 세무서장은 주류·밑술·술덧의 제조 또는 주류의 판매업의 면허를 함에 있어서 주세 보전상 필요하다고 인정하는 때에는 면허의 기한, 제조나 판매업의 사업범위 또는 제조나 판매업을 함에 있어서의 준수할 조건을 지정할 수 있다"라고 규정하여 주류 판매업의 면허를 함에 있어서 면허조건을 지정할 수 있음을 명시하고 있으므로, 위 지정조건의 사유가 주세법 제15조 제2항에서 정하는 면허 취소사유에 열거되지 아니하였다고 하더라도 위 지정조건이 법률의 근거가 없는 것으로서 무효의 부관이라고 볼 수 없다.

5. [판례] '기장의무를 고의로 위반한 때'의 의미는

법원은 조세법률주의의 원칙상 과세요건이거나 비과세요건 또는 조세감면요건을 비롯한 대부분 조세법규의 해석은 특별한 사정이 없는 한 법문대로 해석하여야지 합리적 이유 없이 확장 또는 유추하여 해석하여서는 아니 된다고 하며,

주세법 규정에 의한 '기장의무를 고의로 위반한 때'라 함은 주류판매업자가 판매에 관한 사항을 전혀 기재하지 않거나 실제와 달리 허위로 과장 혹은 축소하여 기장한 경우를 말한다고 하였고 주류도매업자가 판매한 주류의 내용을 사실대로 빠짐없이 장부에 기재하기는 하였으나 판매한 주류에 관한 세금계산서를 발행·교부하지 않아 장부와 발행·교부된 세금계산서가 일치하지 않는 경우에는 주세법 규정에 의한 '기장의무를 고의로 위반한 때'에 해당하지 않는다고 판시하였습니다.

조세법률주의의 원칙상 과세요건이거나 비과세요건 또는 조세감면요건을 비롯한 대부분 조세법규의 해석은 특별한 사정이 없는 한 법문대로 해석하여야지 합리적 이유 없이 확장 또는 유추하여 해석하여서는 아니 된다.

(중략)

주세법 제15조 제1항 제3호의 '제47조의 규정에 의한 기장의무를 고의로 위반한 때'라 함은 주류판매업자가 판매에 관한 사항을 전혀 기재하지 않거나 실제와 달리 허위로 과장 혹은 축소하여 기장한 경우를 말한다고 해석함이 상당하고, 이 사건과 같이 원고가 판매한 주류의 내용을 사실대로 빠짐없이 장부에 기재하기는 하였으나 판매한 주류에 관한 세금계산서를 발행·교부하지 않아 장부와 발행·교부된 세금계산서가 일치하지 않는 것을 가지고 곧바로 기장의무를 고의로 위반하였다고 보기는 곤란하다.

6. [판례] 동종의 주류판매업면허가 있는 사람끼리의 동업 경영이 면허의 취소사유에 해당하는지 여부

주세법에는 주류판매업 면허 취소사유로 '타인과 동업 경영을 한 경우'라고만 정하고 있고, 그 문언상 '타인'의 범위를 달리 정하고 있지 않습니다. 따라서 여기서 타인은 주류면허를 갖고 있는 사람이건 주류면허를 갖고 있지 않은 사람을 별도로 정하고 있지 않으므로 주류면허를 받은 다른 사람과 동업 경영을 할 경우에도 면허취소사유가 된다 할 것입니다.

아래 판례의 사건은 동종의 주류판매업면허를 갖고 있는 사업자가 행정청의 승인을 받아 주류공동판매장 집배송센터를 운영하였는데, 동 센터를 운영하면서 당사자들 간에 맺은 '배송센터 운영에 따른 약정사항'에 매출액과 비용을 상호

조정하는 등의 동업경영의 내용이 포함되어 있고, 이 약정이 실제로 이루어진 것으로 보이는 점, 그리고 대외적으로 통합명칭을 사용하였다는 사유로 법원은 동업 경영하였다고 판단하고 면허취소사유에 해당한다고 판시하였습니다.

판례 **종합주류도매업 면허 취소처분 취소**
[울산지방법원 2019. 05. 02., 2017구합7034 판결]

주세법 제15조 제2항 제10호가 주류판매업 면허취소의 사유로 "타인과 동업 경영을 한 경우"라고만 정하고 있고, 그 문언상 '타인'의 범위를 달리 한정하고 있지 않은 점, 주세법상 주류의 유통과정에 대한 규율에 있어서 주류의 유통과정을 투명하게 하고 안정적으로 정확한 세원을 확보한다는 입법목적이 중요하게 고려되어야 하는바, 위와 같은 입법목적을 달성하기 위해서는 주류 유통에 관한 면허가 있는 사업자 사이에서도 분명하게 각각의 영업의 범위를 구분할 필요가 있는 점, 주세법 제10조 제11호는 관할 세무서장은 "국세청장이 세수(稅收) 보전, 주류의 유통·판매 관리 등에 부적당하다고 인정하여 지정·고시하는 장소에 면허 신청인이 정당한 이유 없이 판매장을 설치하려는 경우"에는 주류판매 면허를 제한할 수 있다고 규정하고, 그 위임을 받은 '주류 판매면허 제한 장소에 관한 지정 고시(국세청고시 제2006-23호)'는 '주류제조장 또는 판매장과 동일한 장소'를 그러한 장소 중의 하나로 정하되 다만 공동의 보관·배송을 위하여 관할 지방국세청장의 승인을 받은 경우에는 예외로 하며, 이 경우 사업자별로 구분 경리하여야 한다고 규정하고 있는바, 위와 같은 법령의 내용에 의하더라도 주류 판매면허를 받은 사업자 사이의 동업이 허용되지 않는다고 해석되는 점 등을 종합적으로 고려하면, 주세법 제15조 제2항 제10호의 '타인'이 주류판매업 면허가 없는 사람에 한정된다고 해석할 것은 아니고, 동종의 주류판매업면허가 있는 사람끼리의 동업경영 역시 위 해당 법조가 예정하고 있는 면허의 취소사유에 해당한다고 할 것이다.

7. [판례] 지입제의 경우에 무면허 판매업자로 판단하는 기준은

주세법에는 관할 세무서장은 주류·밑술 또는 술덧의 제조면허나 주류판매업 면허를 할 때 주세 보전을 위하여 필요하다고 인정되면 면허 기한, 제조 범위 또는 판매 범위, 제조 또는 판매를 할 때의 준수사항 등을 면허의 조건으로 정할 수 있다고 규정하고 있으며, 행정청은 이 규정에 근거하여 주류판매업면허를 줄 때 지정조건에 '무면허 판매업자에게 주류를 판매(중개)한 때'를 명기합니다.

여기서 지입제 여부가 논란이 되고 있는데 주류판매법인에 소속된 영업사원 인지 아니면 무면허 판매업자에 해당하는지의 문제입니다. 판례는 지입제에 관여하는 무면허 주류판매업자는 자기의 책임하에 독립적으로 행하는 정도에 이르러야 한다고 판시하고 있습니다.

즉, 주류판매법인의 관리와 통제를 받는지 여부, 매출 및 판매 내역 관리 주체는 누구인지, 수익과 지출을 독립적으로 관리하는지 여부, 주류 판매에 필요한 별도의 시설을 갖추었는지 여부, 수입과 지출을 별도로 관리하는지 여부 등입니다.

판례	**종합주류도매업 면허 취소처분 취소** [창원지방법원 2014. 9. 26. 선고 2012구합3666 판결]

> 지입제에 관여하는 무면허 주류판매업자는 도매상인 주류판매업자와 음성적으로 지입 형태 계약을 체결한 후 주류를 공급받아 자신의 고정 거래처에 판매하는 등 모든 거래를 자기의 책임하에 독립적으로 행하는 정도에 이르러야 하겠다.

8. [심판례] 판매장 이전이나 허가를 받지 않은 장소에서의 영업이 면허취소사유에 해당하는지 여부

　주세법에 따르면 주류·밑술 또는 술덧의 제조면허나 주류판매업면허를 받은 자가 그 제조장 또는 판매장을 이전하려는 경우에는 전입지 관할 세무서장에게 신고하여야 합니다.

　그런데 허가를 받아야 하는 경우도 있습니다. 주류판매업면허를 받은 자가 판매장을 이전하려는 장소가 국세청장이 세수(稅收) 보전, 주류의 유통·판매 관리 등에 부적당하다고 인정하여 지정·고시하는 장소에 면허 신청인이 정당한 이유 없이 판매장을 설치하려는 경우 또는 국세청장이 인구, 주류 소비량 및 판매장의 수 등을 고려하여 주류의 수급(需給) 균형을 현저히 해칠 우려가 있다고 인정하여 지정·고시한 지역에 면허 신청인이 판매장을 설치하려는 경우에 해당하는 장소인 경우에는 전입지 관할 세무서장의 허가를 받아야 한다고 규정하고 있습니다.

　이와는 별도로 주류판매업면허를 받은 사람이 '주류판매업(판매중개업 또는 접객업을 포함한다. 이하 같다)을 하려는 자는 주류판매업의 종류별로 판매장마다 시설 기준과 그 밖의 요건을 갖추어 관할 세무서장의 면허를 받아야 한다'는 요건을 갖추지 못하게 된 경우에는 면허를 취소하여야 한다고 명시되어 있고, 이는 면허를 받은 자가 영업 중에 면허요건을 위반한 경우도 포함하는 것으로 해석하고 있습니다.

　또한 국세청장은 무면허판매장에서 고객에게 주류를 판매한 행위는 무면허판매행위에 해당하므로 면허 취소하여야 한다고 밝혔습니다.

청구법인의 종합주류판매업 면허취소처분이 부당하다는 청구주장의 당부
[조세심판원 2014. 04. 15. 조심2014부0529]

주세법 제15조 제2항(제1호)은 면허를 받은 자가 그 면허요건을 갖추지 못하게 된 경우 그 면허를 취소할 수 있도록 규정한 조항으로서 면허를 받은 자가 영업 중에 면허요건을 위반한 경우도 포함하는 것으로 해석하는 것이 타당하다 하겠다. 따라서 청구법인이 통고처분 등「조세범 처벌법」에 따라 처벌받은 후에 해당 면허가 취소되었고, 청구법인의 종합주류도매업 면허증상에 나타나고 있는 지정요건인 사업범위를 위반한 것으로 보이는 점 등에 비추어 볼 때, 처분청이 청구법인의 주류판매장(종합주류도매업) 면허를 취소한 처분은 잘못이 없는 것으로 판단된다.

질의회신 무면허 판매장에 주류를 반출하는 경우 면허 지정조건 위반에 해당하는지 여부
(2014.04.15., 조심2014부0529 참조)

종합주류도매업 면허를 받은 판매장과 면허를 받지 않은 판매장을 각각 가지고 있는 사업자가 면허판매장에서 무면허판매장으로 주류를 반출한 후 판매한 경우 해당 사업자의 주류 반출행위는 무면허 판매업자에게 주류를 판매한 경우에 해당하지 아니하는 것이나, 무면허판매장에서 고객에게 주류를 판매한 행위는 무면허판매행위에 해당하여「조세범 처벌법」제6조에 따른 처벌대상이고 이에 따라 면허요건을 갖추지 못하게 되는 경우 면허를 취소하여야 하는 것임.

[국세청 2012.12.17. 법규과-1498]

9. [심판례] 소득세, 법인세 및 부가가치세를 체납한 경우 주류 판매면허가 취소될 수 있는지 여부

주세법에는 주류 판매면허자가 소득세, 법인세 및 부가가치세를 체납에 대해 면허취소나 판매정지 등의 행정처분이 별도로 규정되어 있지 않으며, 국세청의

「판매업면허의 사업범위 및 조건의 지정」에도 명시되어 있지 않습니다.

하지만 「국세징수법」에 따르면 세무서장은 허가 등을 받아 사업을 경영하는 자가 해당 사업과 관련된 소득세, 법인세 및 부가가치세를 3회 이상 체납한 경우로서 그 체납액이 500만 원 이상일 때에는 납세가 곤란한 경우 등의 사유를 제외하고 그 주무관서에 사업의 정지 또는 허가 등의 취소를 요구할 수 있습니다 (국세징수법 제7조 제2항).

이 법 조항에 근거하여 관련세금을 3회 이상 체납하고 그 체납액이 500만 원 이상일 때에는 주류면허가 취소될 수 있습니다. 실례로 조세심판원은 국세를 500만 원 이상 체납한 주류법인이 청구한 사건에 대해 국세징수법에 따라 면허를 취소하는 결정을 한 바 있습니다(조세심판원 2017. 11. 29. 조심 2017광4098 참조).

10. [심판례] 「식품위생법」에 따른 영업허가를 받지 않은 경우 사업장의 의제주류판매업 면허를 취소한 처분이 합당한지 여부

음식점의 경우 「주세법」에서 「식품위생법」에 따른 영업허가를 받은 장소에서 주류를 판매하는 자가 사업자등록신청 시 주류 판매를 신고한 경우 주류판매업 면허를 받은 것으로 의제하고 있습니다.

의제주류판매업 면허는 주류판매를 주된 업종으로 하지는 않지만 부수적으로 주류를 판매하는 업종에 대해 사업장등록 시 신고하는 경우 주류판매업 면허를 발급받는 것으로 의제하여 행정의 간소화와 국민의 편의를 도모하고자 시행하고 있습니다.

따라서 「식품위생법」에 따라 영업허가를 받지 못하였다면 의제주류판매업 면허를 발급받았다 하더라도 취소될 수 있습니다.

실례로 행정청이 사업자등록과 의제주류판매업 면허를 발급하였다가, 「식품위생법」에 따른 영업허가를 받지 아니한 사실이 확인되어 의제주류판매업 면허를 취소한 바 있고, 조세심판원에서도 면허취소한 행정처분이 합당하다는 결정을 하였습니다(조세심판원 2015. 04. 01. 조심2015중0646 참조).

11. [질의회신] 음료수 등 식품잡화류를 판매하는 스크린골프장은 의제주류판매업면허 신고가 가능한지 여부

주세법에서 의제주류판매업면허를 규정한 이유는 주류 소비에 관대한 우리나라 음주문화를 감안하여 주류판매업 면허 중 "음식류를 조리·판매하면서 식사와 부수적으로 음주를 허용하거나 주로 주류를 판매하는 영업"과 "잡화점에서 여러 종류의 상품을 판매하면서 주류를 소매하는 영업"은 다른 판매업 면허와 달리 간편하게 신고만으로 주류취급을 허가한 것입니다.

관련하여 그 요건을 살펴보면 주류의 판매를 주업으로 하지 않으며 주류제조자로부터 주류를 직접 구입하지 아니하는 자로서 식료잡화점·일용잡화점 또는 이와 유사한 상점에서 주류를 소매하는 자가 일정한 절차에 따라 관할 세무서장에게 주류의 판매에 관한 신고를 한 때에는 주류판매업면허를 받은 것으로 보는 것입니다.

스크린골프사업장 내에 별도 구분되지 아니하는 장소에서 냉장고 등을 갖추고 단순히 매점형태로 식료잡화를 취급하는 행위는 위 요건 중 식료잡화점이라는 상점을 갖추고 주류를 소매한 것으로 볼 수 없을 뿐 아니라,

따라서 스크린골프장이 주업으로 사업장 내에서 체육시설업의 시설기준에 나오는 편의시설을 설치하여 음료수 등 부수적인 상품을 판매하는 스크린골프장은 의제주류판매업면허 신청대상자가 될 수 없는 것입니다(국세청 질의회신 2009. 08. 27. 소비세과-310 참조).

12. [질의회신] 알코올분 1.7v/v% 함유된 음용 가능 조미 양념은 주세법상 주류에 해당하는지 여부

주세법에 따르면, "주류"라 함은 주정(희석하여 음료로 할 수 있는 것을 말하며, 불순물이 포함되어 있어서 직접 음료로 할 수는 없으나 정제하면 음료로 할 수 있는 조주정을 포함한다)과 알콜분 1도 이상의 음료(용해하여 음료로 할 수 있는 분말상태의 것을 포함하되, 약사법에 의한 의약품으로서 알콜분 6도 미만의 것을 제외한다)를 말합니다.

따라서 설탕, 쌀발효 추출액, 생강엑기스, 발효주정, 정제수 등을 혼합하여 살균한 액체로서 알코올분 1도 이상이며 음용이 가능한 경우 주류에 해당되며, 주류의 종류는 기타주류에 해당됩니다(국세청 질의회신 2009. 09. 16. 소비세과 – 337 참조).

하지만 간장, 된장, 고추장에 알콜분(2도 내지 3도)이 함유되었다 하더라도 그 자체를 통상 음료라고 할 수 없는 경우에는 주세법상 주류에 해당하지 아니하며, 주류가 첨가된 초코렛이라도 과자류의 일종으로서 음료가 아닌 경우에는 '주류'에 해당하지 않습니다(국세청 질의회신 1981. 04. 21. 재간세1235.1-463 참조, 1991. 01. 26. 재간세22601-112 참조).

13. [질의회신] 관광숙박업을 등록한 경우 별도의 주류 판매면허 없이 주류를 판매할 수 있는지 여부

「관광진흥법」에는 특별자치도지사·시장·군수·구청장이 위원회의 심의를 거쳐 등록을 하면 그 관광사업자는 「주세법」에 따른 주류판매업의 면허 또는 신고를 하였거나 인·허가 등을 받은 것으로 본다고 정하고 있습니다.

따라서 「관광진흥법」에 따라 관광숙박업 등록을 한 사업자는 면허를 받은 것으로 보아 별도의 주류 판매면허 없이 주류를 판매할 수 있습니다(국세청 질의회신 2014. 12. 19. 소비세과-267 참조).

14. [질의회신] 주류수입업면허자가 다른 법인의 지분을 취득한 경우 주류수출입업 사업범위를 위반하게 되는지 여부

주류수입업면허자(법인인 경우 그 임원을 포함)가 다른 법인의 주식을 취득하는 것은 사업범위를 위반하는 것이 아니나, 지분 취득을 통해 그 법인을 실질적으로 운영하는 것은 사업범위 위반행위가 됩니다(국세청 질의회신 2016. 01. 13. 서면-2016-소비-2697 참조).

15. [질의회신] 주류 제조설비를 사용하지 않을 경우에도 시설 요건을 모두 갖추어야 하는지 여부

벌크와인을 수입하여 병입하여 판매하는 경우에는 주류 제조면허를 받아야 하며, 국세청에 주류 제조면허를 신청할 때에는「주류 면허 등에 관한 법률 시행령」별표1의 제조시설 기준요건을 갖추어야 하는 것은 맞지만, 시설 요건 중 주류의 담금·저장·제성 용기는 제조 방법상 필요한 경우에만 설치할 수 있습니다.

주류제조장의 배수, 배관 및 환기시설은「주류 면허 등에 관한 법률」에 규정하는 주류 제조면허의 시설 기준에 해당하지 않으나「식품위생법 시행규칙」(별표 14)에 따라 식품제조가공업의 시설기준을 갖추어야 합니다.(국세청 질의회신, 주세, 서면-2022-소비-0127[소비세과-133], 2022. 02. 24.)

16. [고시서면질의] 주류소매업 면허를 소지한 자가 스마트 오더의 방법을 이용하여 주류를 판매할 때 주류를 할인하여 판매할 수 있는지 여부와 경품 제공 시 주류 거래가액을 어떻게 판단해야 하는지 여부

「주류 면허 등에 관한 법률」제37조의2에서 정하는 바에 따라 주류 제조자와 판매업자는 주류거래와 관련하여 가격할인의 방법을 통해 거래상대방에게 경제적 이익을 제공할 수 없습니다.

> ○ 주류 면허 등에 관한 법률 제37조의2【주류 거래질서 확립을 위한 금품 제공 등의 금지】
>
> 건전한 주류 거래질서를 확립하기 위하여 주류 제조면허를 받은 자와 대통령령으로 정하는 주류 판매업면허를 받은 자는 다음 각 호의 경우를 제외하고는 주류의 거래와 관련하여 금품을 제공하거나 그 밖에 이와 유사한 행위로서 대통령령으로 정하는 행위를 하여서는 아니 된다.
>
> 1. 대통령령으로 정하는 일정 금액 이하의 소규모 경품 등을 판매 홍보 등의 목적으로 제공하는 경우

다만, 소비자에게는 할인권 등의 방법을 통해 소규모 경품을 제공할 수 있으며, 경품의 범위와 가액산정 방법 등은 「주류 거래질서 확립에 관한 명령위임 고시」에서 규정하고 있습니다. 이 고시에 따른 소규모 경품의 범위는 제공 주체가 연간 제공할 수 있는 경품의 한도를 직전년도 매출액의 1.5% 이내의 범위로 규정하고, 1회 제공 가능금액은 주류제품 개별 판매금액의 10% 이내로 한정하고 있습니다.

○ 주류 면허 등에 관한 법률 시행령 제41조【주류 거래질서 확립을 위한 금품 제공 등의 금지】

② 법 제37조의2 각 호 외의 부분에서 "대통령령으로 정하는 행위"란 다음 각 호의 행위를 말한다.

1. 주류의 거래와 관련하여 장려금, 할인, 외상매출금 또는 수수료 경감 등 그 명칭이나 형식에 관계없이 금품(대여금은 제외한다) 또는 주류를 제공하거나 제공받는 행위

2. 시음주 또는 주류 교환권을 관할 세무서장의 사전승인 없이 무상으로 제공하는 행위

3. 주류 또는 주류 교환권을 경품으로 제공하거나 제공받는 행위

③ 법 제37조의2제1호에 따라 주류제조자, 주류수입업자 또는 주류소매업자가 제공할 수 있는 소규모 경품 등은 주종별 직전년도 매출액(부가가치세·주세·교육세는 제외한다)에 3퍼센트 이내의 범위에서 국세청장이 주종별로 정하여 고시하는 비율을 곱한 금액으로 한다.

④ 제3항에 따른 소규모 경품 등의 가액 산정 기준 및 1회에 제공할 수 있는 가액 기준 등 소규모 경품 등의 제공에 필요한 세부사항은 국세청장이 정하여 고시한다.

○ 주류 거래질서 확립에 관한 명령위임 고시 제4조【주류소매업자의 준수사항】

유흥음식업자, 의제소매업자, 전문소매업자 및 기타소매업자는 주류를 거래할 때 주류 유통정상화를 위하여 다음 각 호의 사항을 지켜야 한다.

주류거래와 관련하여 장려금, 수수료, 에누리, 할인, 외상매출금 경감 등 그 명칭이나 형식에 관계없이 금품(대여금 제외) 및 주류를 제공받음으로써 무자료거래를 조장하거나 주류거래질서를 문란하게 하는 행위를 하여서는 안 된다.

2. 주류를 판매할 때 제공하는 경품은 직전년도 주종별 주류 매출액(부가가치세·주세·교육세 제외)의 1.5% 이하의 범위 내에서 면허장소에서 제공하여야 하며, 2,000만 원을 초과하는 소비자 현상 단일 경품과 주류 거래금액의 10%를 초과하는 소비자경품(주류 보냉가방 제외)을 제공하여 판매하거나 주류를 실제 구입가격 이하로 판매하여서는 안 된다. 다만, 품질저하, 라벨 및 병마개 손상 등으로 부득이 정상가격으로 판매할 수 없는 경우에는 예외로 한다. 주류 경품의 가액은 현금과 상품권은 액면가액, 할인권은 할인되는 금액, 물품은 제조 또는 구입가격에 25%를 가산한 금액을 말한다.

(국세청 고시서면질의, 주세, 고시-2022-소비-0003[소비세과-524], 2022. 07. 14.)

주류면허 각종 서식

부록 1. 주류 판매업면허 신청서 (주류면허법 시행규칙 별지 제6호 서식)

■ 주류 면허 등에 관한 법률 시행규칙 [별지 제6호서식] <개정 2022. 3. 18.>

홈택스(www.hometax.go.kr)에서도
신청할 수 있습니다.

[　] 주류 판매업면허 신청서
[　] 의제 주류 판매업면허 신고서

※ 뒤쪽의 작성방법을 읽고 작성해 주시기 바라며, [　]에는 해당되는 곳에 √ 표시를 합니다.

(앞쪽)

접수번호		접수일	발급일		처리기간　40일

❶ 신청인 (신고인)	성 명(대표자)		주민등록번호(법인인 경우 법인등록번호)	
	상 호(법인명)		사업자등록번호	
	주 소(본점 소재지)		전화번호	
	판매장 소재지 또는 판매장이 없는 경우 그 사유		전화번호(전자우편)	
	국세청이 제공하는 국세정보 수신동의		[　]문자(SMS) 수신에 동의함(선택) [　]전자우편 수신에 동의함(선택)	

❷ 신청 (신고) 내용	① 면허종류		
	영업허가 연월일 또는 영업 시작 연월일		
	② 창고면적		m²
	③ 사업자 단위 과세 승인번호 및 종된 사업장 일련번호	승인번호(　　　　　　　　),)	일련번호(

「주류 면허 등에 관한 법률」 제5조와 같은 법 시행령 제8조제3항・제4항 및 제9조제1항에 따라 위
와 같이 신청(신고)합니다.

년　　　　월　　　　일

신청인(신고인)　　　　　　　　　(서명 또는 인)

세 무 서 장　귀하

첨부서류	1. 주류 판매업면허 신청의 경우: 다음 각 목의 서류[주류 판매장이 없는 경우는 가목부터 다목 까지의 서류와 라목2) 및 같은 목 3)가)의 서류만 해당합니다] 　가. 임대차계약서 사본(판매장, 사무실 등을 임차하는 경우만 해당합니다) 　나. 정관, 주주총회 또는 이사회 회의록, 주주 및 임원 명부(법인인 경우만 해당합니다) 　다. 동업계약서 사본(공동사업인 경우만 해당합니다) 　라. 주류 판매업 종류 구분에 따른 다음의 서류 　　1) 종합주류도매업: 자본금 납입 증명서류(개인인 경우 자기 명의의 통장잔액증명서를 말합니 　　다) 　　2) 주류수출입업: 무역업고유번호증 사본 　　3) 주류중개업 　　　가) 주류의 수출입을 중개하려는 경우: 무역업고유번호증 사본 　　　나) 국내에서 주류의 매매를 중개하려는 경우 　　　　(1) 「유통산업발전법」 제16조제2항에 따른 체인사업자 지원 대상 선정을 위한 체인사업 　　　　자 평가서 사본 　　　　(2) 「주류 면허 등에 관한 법률 시행령」 별표 3 제5호나1)에 따른 상품공급가액을 확 　　　　인할 수 있는 서류 　　4) 주정소매업 　　　가) 「위험물안전관리법」에 따른 취급소에 대해 같은 법 제9조에 따른 완공검사를 받고 교 　　　부받은 완공검사필증 　　　나) 주정도매업자가 발행한 지정서(발효주정 소매업자인 경우만 해당합니다) 2. 의제 주류 판매업면허 신고의 경우: 「식품위생법」에 따른 영업허가증 사본 또는 영업신고증 　사본	수수료 뒤쪽 참조

부록 2. 수입식품 판매업 등록신청서 (수입식품안전관리 특별법 시행규칙 별지 제17호 서식)

■ 수입식품안전관리 특별법 시행규칙 [별지 제17호서식] <개정 2018. 12. 20.>

영업등록신청서

접수번호	접수일	발급일	처리기간
			3일

신청인	성명(법인인 경우 그 대표자의 성명)		주민등록번호(법인인 경우 법인등록번호)
	주소		전화번호
	등록기준지		

신청사항	명칭(상호)		영업의 종류
	소재지		전화번호
	보관시설의 소재지		영업장 면적

「수입식품안전관리 특별법」 제15조제1항 및 같은 법 시행규칙 제16조제1항에 따라 위와 같이 영업등록을 신청합니다.

년   월   일

신청인
(서명 또는 인)

지방식품의약품안전청장 귀하

신청인 제출서류	1. 교육이수증(「수입식품안전관리 특별법」 제17조제1항 본문에 따라 미리 교육을 받은 경우만 해당합니다) 2. 보관시설 임차계약서(보관시설을 임차한 경우만 해당합니다) 3. 영업장의 시설내역 및 배치도(수입식품등 보관업만 해당합니다) 4. 「수입식품안전관리 특별법 시행규칙」 제15조제2항에 따른 보세창고·보관시설에 대한 「관세법」·「자유무역지역의 지정 및 운영에 관한 법률」에 따른 특허·신고·허가에 관한 서류(수입식품등 보관업만 해당합니다) 5. 「국유재산법 시행규칙」 제14조제3항에 따른 국유재산 사용허가서(국유철도의 정거장시설에서 수입식품등 수입·판매업을 하려는 경우만 해당합니다) 6. 「도시철도법」에 따른 도시철도운영자와 체결한 도시철도시설 사용계약에 관한 서류(도시철도의 정거장시설에서 수입식품등 수입·판매업을 하려는 경우만 해당합니다)	수수료 28,000원 (수입인지)
담당 공무원 확인사항	1. 토지이용계획확인서 2. 건축물대장 3. 법인 등기사항증명서(법인인 경우만 해당합니다)	

유의사항

1. 영업등록을 하려는 자는 「수입식품안전관리 특별법 시행규칙」 제16조에서 정한 사항 외에 해당 영업등록과 관련된 다음 법령에 위반되거나 저촉되는지 여부를 검토하여야 합니다.

  - 「국토의 계획 및 이용에 관한 법률」, 「하수도법」, 「농지법」, 「학교보건법」, 「옥외광고물 등의 관리와 옥외광고산업 진흥에 관한 법률」, 「하천법」, 「한강수계 상수원수질개선 및 주민지원 등에 관한 법률」, 「물환경보전법」, 「소음·진동관리법」, 「관광진흥법」, 「학원의 설립·운영 및 과외교습에 관한 법률」, 「청소년 보호법」, 「근로기준법」, 「산업집적활성화 및 공장설립에 관한 법률」, 「주차장법」, 「지방세법」 및 그 밖의 관련 법령

2. 등록한 영업을 폐업하는 때에는 영업의 폐업신고를 하여야 합니다.

처리절차

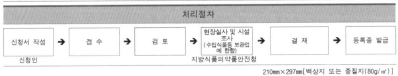

신청서 작성 (신청인) → 접 수 → 검 토 → 현장실사 및 시설 조사 (수입식품등 보관업에 한함) → 결 재 → 등록증 발급

지방식품의약품안전청

210mm×297mm[백상지 또는 중질지(80g/㎡)]

부록 3. (주류, 밑술 또는 술덧) 제조면허 신청서 (주류면허법 시행규칙 별지 제3호 서식)

■ 주류 면허 등에 관한 법률 시행규칙 [별지 제3호서식] <개정 2022. 3. 18.>　　　　홈택스(www.hometax.go.kr)에서도
　　신청할 수 있습니다.

[ ] 주류
[ ] 밑술 또는 술덧　제조면허 신청서

※ 뒤쪽의 작성방법을 읽고 작성해 주시기 바라며, [ ]에는 해당되는 곳에 √표시를 합니다.　　　　　　　　(앞쪽)

접수번호		접수일		발급일		처리기간	40일

❶ 신청인	성명(대표자)		주민등록번호(법인인 경우 법인등록번호)	
	상호(법인명)		사업자등록번호	
	주소(본점 소재지)		전화번호	
	제조장 소재지		전화번호(전자우편)	
	국세청이 제공하는 국세정보 수신동의		[ ]문자(SMS) 수신에 동의함(선택)	
			[ ]전자우편 수신에 동의함(선택)	

❷ 신청내용			
신청구분	① 주류	② 밑술	③ 술덧
제조할 주류의 종류와 규격			
제조방법			
매 주조연도 제조예정수량			
시험제조, 시음행사, 축제 또는 경연대회 목적 — 사유			
기간			
수량			
밑술·술덧 제조목적			
영업 시작 연월일			
④ 종전 면허 연월일		⑤ 종전면허번호	

「주류 면허 등에 관한 법률」 제3조제1항·제4조 및 같은 법 시행령 제2조제1항·제7조제1항에 따라 위와
같이 신청합니다.

　　　　　　　　　　　　　　　　　　　　　　　　　　　　　　　년　　　월　　　일

　　　　　　　　　　　　　　신청인　　　　　　　　　　　　(서명 또는 인)

세 무 서 장　귀하

첨부서류	1. 사업계획서 2. 제조장 대지의 상황 및 건물의 구조를 표시하는 도면 3. 제조·저장 또는 판매에 사용하는 기계·기구 및 용기의 목록 4. 제조시설·설비 등 설명서 및 용량표 5. 제조공정도 및 제조방법 설명서 6. 임대차계약서 사본(제조장을 임차하는 경우만 해당합니다) 7. 정관, 주주총회 또는 이사회 회의록, 주주 및 임원 명부(법인인 경우만 해당합니다) 8. 동업계약서 사본(공동사업인 경우만 해당합니다) 9. 「전통주 등의 산업진흥에 관한 법률 시행규칙」 제4조제3항에 따른 주류제조면허 추천서 　　사본(「주세법」에 따른 전통주를 제조하는 경우만 해당합니다) 10. 「식품위생법」에 따른 영업허가증 사본 또는 영업신고증 사본(「주류 면허 등에 관한 　　법률 시행령」 별표 1 제4호에 따른 소규모주류제조자가 같은 호 비고 제1호가목 또는 나 　　목에 해당하는 방법으로 판매하려는 경우만 해당합니다) 11. 「주류 면허 등에 관한 법률 시행규칙」 제3조 각 호의 어느 하나에 해당하는 자가 주관 　　하는 축제 또는 경연대회임을 확인할 수 있는 서류(해당 축제 또는 경연대회에 사용하기 위 　　하여 주류를 제조하려는 경우만 해당합니다)	수수료 5만원

부록 4. 용기주입제조장 설치허가 신청서 (주류면허법 시행규칙 별지 제4호 서식)

■ 주류 면허 등에 관한 법률 시행규칙 [별지 제4호서식]

용기주입제조장 설치허가 신청서

※ 바탕색이 어두운 칸은 신청인이 작성하지 않습니다.

접수번호	접수일	발급일	처리기간 30일

신청인	성명(대표자)		사업자등록번호	
	상호(법인명)		전화번호	
	주소(본점 소재지)			
	주류 제조장 소재지			

신 청 내 용

용기주입 제조장	주류의 종류와 규격	
	설치장소	
	제조방법	
	연간 용기 주입 예정량	
	설치기간	
	용기 주입 시작 예정일	
	설치사유	

「주류 면허 등에 관한 법률」 제3조제3항 및 같은 법 시행령 제4조제1항에 따라 위와 같이 신청합니다.

년   월   일

신청인   (서명 또는 인)

세 무 서 장   귀하

첨부서류	1. 사업계획서 2. 제조장 대지의 상황 및 건물의 구조를 표시하는 도면 3. 제조·저장 또는 판매에 사용하는 기계·기구 및 용기의 목록 4. 제조시설·설비 등 설명서 및 용량표 5. 제조공정도 및 제조방법 설명서 6. 임대차계약서 사본(제조장을 임차하는 경우만 해당합니다) 7. 정관, 주주총회 또는 이사회 회의록(법인인 경우만 해당합니다) 8. 동업계약서 사본(공동사업인 경우만 해당합니다)	수수료 없음

210mm×297mm[백상지(80g/㎡) 또는 중질지(80g/㎡)]

부록 5. 직매장 설치허가 신청서 (주류면허법 시행규칙 별지 제1호 서식)

■ 주류 면허 등에 관한 법률 시행규칙 [별지 제1호서식] <개정 2022. 3. 18.>

직매장 설치허가 신청서

※ 바탕색이 어두운 칸은 신청인이 작성하지 않습니다.

접수번호		접수일	발급일	처리기간	15일
신청인	성 명(대표자)			사업자등록번호	
	상 호(법인명)				
	주 소(본점 소재지)			전화번호	
	제조장 소재지			전화번호(전자우편주소)	

신청내용	① 직매장 소재지	
	② 직매장 사업자등록번호	
	③ 시설내용	대지 m², 창고 m²
	④ 판매할 주류의 종류	

「주류 면허 등에 관한 법률」 제16조제1항 및 같은 법 시행령 제16조에 따라 위와 같이 신청합니다.

년   월   일

신청인   (서명 또는 인)

세 무 서 장 귀하

첨부서류	시설기준(대지 200m² 이상, 창고 100m² 이상)을 갖추었음을 증명할 수 있는 서류	수수료 없음

처리절차

① 직매장 설치허가 신청서 접수 ② 소관과 인계 ③ 요건 조회 ④ 회보 ⑤ 지방청 송부 ⑥ 지방청 승인 통보 ⑦ 세무서 통보

210mm×297mm[백상지(80g/m²) 또는 중질지(80g/m²)]

부록 6. 주세과세표준 (정기, 수정, 기한 후) 신고서 (주세법 시행규칙 별지 제1호 서식)

■ 주세법 시행규칙 [별지 제1호서식]

홈택스(www.hometax.go.kr)에서도 신청할 수 있습니다.

주세과세표준 년 분기분

[ ] 정기
[ ] 수정　　신고서
[ ] 기한 후

※ 뒤쪽의 작성방법을 읽고 작성하여 주시기 바라며, [ ]에는 해당되는 곳에 √표를 합니다.

(앞쪽)

관리번호		처리기간	즉시

❶ 사업자	상 호 (법 인 명)		사업자등록번호	
	성 명 (대 표 자)		주류제조면허번호	
	본점 사업자등록번호		전화번호	
	제조장 소재지			

❷ 신 고 내 용
(단위: L, 원)

구 분			❸ 반출수량(L)	❹ 반출금액(원)	❺ 과세표준	❻ 세율	❼ 세 액
주세	과세표준 및 산출세액	① 과세반출			❺-1		
					❺-2		
		② 면세반출			❺-1		
					❺-2		
		③ 미납세반출			❺-1		
					❺-2		
		합 계			❺-1		㉮
					❺-2		
	면세·미납세액	④ 면세세액					㉯
		⑤ 미납세세액					㉰
	⑥ 납부세액(㉮ - ㉯ - ㉰)						㉱
	⑦ 공제(환급) 세액						㉲
	⑧ 신고불성실가산세	무신고(일반)					
		무신고(부정)					
		과소·초과환급신고(일반)					
		과소·초과환급신고(부정)					
	⑨ 납부지연가산세						
	⑩ 가산세 합계						㉳
	⑪ 납부(환급)할 세액(㉱ - ㉲ + ㉳)						
교육세	⑫ 과세표준						
	⑬ 납부지연가산세						
	⑭ 납부(환급)할 세액						

「주세법」 제9조 및 같은 법 시행령 제8조, 「교육세법」 제9조제2항, 「국세기본법」 제45조 또는 제45조의 3에 따라 위와 같이 신고합니다.

년　　월　　일

신청인

(서명 또는 인)

세 무 서 장 귀하

| 첨부서류 | 1. 월별주류반출명세서(별지 제2호서식): 해당 분기에 속하는 월별로 각 1부
 2. 주류 수불상황표(별지 제3호서식): 1부
 3. 전통주 주세율 경감기준 검토표(별지 제4호서식): 1부(해당하는 경우에만 제출합니다)
 4. 환입·폐기주류세액공제 신청서(별지 제5호서식): 1부(세액공제신청을 하는 경우에만 제출합니다)
 5. 원료용 주류세액공제 신청서(별지 제6호서식): 1부(세액공제신청을 하는 경우에만 제출합니다)
 6. 수출·납품용 원료주류 세액공제(환급) 신청서(별지 제7호서식): 1부(공제세액이 납부세액을 초과하는 경우에만 제출합니다) | 수수료 없 음 |

210mm×297mm[백상지 80g/㎡ 또는 중질지 80g/㎡]

부록 7. 월별주류반출명세서 (주세법 시행규칙 별지 제2호 서식)

■ 주세법 시행규칙 [별지 제2호서식]

(앞쪽)

월 별 주 류 반 출 명 세 서

(년 월분)

[주류의 제조유형: □자가 □위탁 □수탁]

(단위: L, 원)

관리번호	-

신고자	사업자등록번호
	상호(법인명)

주류 제조 위탁(수탁)자	사업자등록번호
	상호(법인명)

												주세						교육세				소규모주류		
① 반출 유형	② 주류 종류	③ 상표 명	④ 알코올분 도수	⑤ 구분 코드	⑥ 공급 유형	⑦ 용량 (L)	⑧ 반출 병수	⑨ 반출 수량 (⑦×⑧)	⑩ 기준 도수 환산량	⑪ 병당 가격	⑫ 반출 금액 (⑧×⑪)	⑬ 과세 표준	⑭ 세율	⑮ 산출 세액 (⑬×⑭)	⑯ 면세·미납 세액	⑰ 공제 세액	⑱ 납부 세액	⑲ 과세 표준	⑳ 세율	㉑ 산출 세액 (⑲×⑳)	㉒ L당 판매 가격	㉓ 판매 수량	㉔ 총판매 금액 (㉒×㉓)

210mm×297mm[백상지 80g/㎡ 또는 충질지 80g/㎡]

부록 8. 주류 수불상황표 (주세법 시행규칙 별지 제3호 서식)

주 류 수 불 상 황 표

(년 분기분)

[①주류의 제조유형: □자가 □위탁 □수탁]

[ ]에는 해당되는 곳에 √표를 합니다.

(단위: L, 원)

관리번호	-

상호 (법인명)	② 신고자	
	③ 주류 제조 위탁(수탁)자	

일련 번호	주류의 종류	상표명	알코올분 도수	④ 이월량	⑤ 검정량	⑥ 용량	반출량				환입량				⑮ 폐기량	⑯ 실감량	⑰ 잔량
							⑦ 반출량계	⑧ 과세	⑨ 면세	⑩ 미납세	⑪ 환입량계	⑫ 과세	⑬ 면세	⑭ 미납세			
						계											
						계											
						계											
						계											

210mm×297mm[백상지 80g/㎡ 또는 중질지 80g/㎡]

부록 9. 전통주 주세율 경감기준 검토표 (주세법 시행규칙 별지 제4호 서식)

■ 주세법 시행규칙 [별지 제4호서식]

전통주 주세율 경감기준 검토표

※ 뒤쪽의 작성방법을 읽고 작성하여 주시기 바랍니다. (앞쪽)

접수번호	접수일	발급일	

❶ 신청인	성 명(대표자)		사업자등록번호	
	상 호(법인명)			
	주 소(본점 소재지)		전화번호	
	제조장 소재지		전화번호(전자우편)	

❷ 과세기간　　　년　월　일부터　　　년　월　일까지

❸ 주세율 경감

	① 요　　　　　건	② 검 토 내 용	③ 적합 여부	④ 적정 여부
해당 주류	○ 전통주에 해당할 것	· 「주세법」 제2조제8호 각 목의 어느 하나에 해당할 것	적 합 (Y) 부적합 (N)	적정 (Y) 부적정 (N)
경감 대상	○ "가" 또는 "나"를 충족할 것 가. 직전 주조연도 총반출량 　- 발효주류: 500kL 이하 　- 증류주류: 250kL 이하 나. 해당 주조연도에 신규면허를 받은 경우	· 직전 주조연도 총반출량 （표: 전통주의 종류 / 주류의 종류 / 직전 주조연도 총반출량(kL)） · 제조면허 발급연도: (　　　년)	적 합 (Y) 부적합 (N)	
유예 기간	○ 직전 주조연도의 반출수량이 최초로 경감세율 적용기준을 초과한 경우에는 그 사유가 발생한 주조연도와 그 다음 2주조연도까지는 경감세율 적용기준을 충족하는 것으로 봄	· 사유발생 주조연도: (　　　년)	적 합 (Y) 부적합 (N)	

⑤ 경감명세

전통주의 종류	주류의 종류	경감세율	직전 과세기간까지의 경감명세(누계액)		해당 과세기간 경감명세		총경감명세	
			수량(kL)	세액	수량(kL)	세액	수량(kL)	세액

210mm×297mm[백상지 80g/㎡ 또는 중질지 80g/㎡]

부록 10. 주류 가격 (신규, 변경) 신고서 (주류면허법 시행령 별지 제2호 서식)

■ 주류 면허 등에 관한 법률 시행규칙 [별지 제2호서식] <개정 2022. 3. 18.>

주류 가격 [ ] 신규 신고서
[ ] 변경

※ 바탕색이 어두운 칸은 신고인이 작성하지 않으며, [ ]에는 해당되는 곳에 √표시를 합니다.

접수번호		접수일		처리기간	즉시

1. 신고인 인적사항

성명(대표자)		사업자등록번호	
상호(법인명)			
주소 (본점 소재지)			
제조장 위치			

2. 신고내용

주류의 종류	상표명	규격	용량	비고

종전 반출가격		변경(신규) 반출가격	
변경일	반출가격	변경(반출)일	반출가격

「주류 면허 등에 관한 법률」 제18조제1항 및 같은 법 시행령 제23조에 따라 위와 같이 신고합니다.

년   월   일

신고인   (서명 또는 인)

세무서장 귀하

첨부서류	제조(판매)원가 계산서 및 산출근거	수수료 없음

210mm×297mm[백상지(80g/㎡) 또는 중질지(80g/㎡)]

부록 11. 제조 및 판매설비 (신설·확장·개량) 신고서 (주세사무처리규정 별지 제26호 서식)

【주세사무처리규정 별지 제26호 서식】

제조 및 판매설비 (신설·확장·개량) 신고서	처리기간
	5 일

근거 : 「주류 면허 등에 관한 법률 시행령」 제21조

신 청 인	①성 명(대 표 자)		②사 업 자 등 록 번 호	
	③상 호(법 인 명)			
	④제 조 장(판매장)소 재 지			

신 고 내 용			
⑤ 제조주류의 종류			
⑥ 면허 년월일		⑦면허번호	
⑧ 신설.확장.개량한 또는 하고자 하는 명칭, 규격, 형식, 능력, 수량			
⑨ 신설.확장.개량의 설명			
⑩ 신청사유			
⑪ 시공 기간			
⑫ 시공자 주소, 성명			
⑬ 신설.확장.개량 전후의 능력대비			
⑭ 기타 참고사항			

「주류 면허 등에 관한 법률 시행령」 제21조에 따라 위와 같이 신고합니다.

년   월   일

신고인 :   (서명 또는 인)

세무서장 귀하

210㎜×297㎜(신문용지 54g/㎡)

부록 12. 용기검정신청서 (주세사무처리규정 제14호 서식)

【주세사무처리규정 별지 제14호 서식】

용 기 검 정 신 청 서

근거 :「주류 면허 등에 관한 법률」제28조

신	①상 회(법인명)		②사업자등록번호	
청	③성 명(대표자)		④전 화 번 호	
인	⑤제 조 장 위 치			

신 청 내 용

⑥생산할 주류의 종류			
⑦ 용 기 용 도	⑧ 용 기 재 질	⑨ 용 기 형 태	⑩ 용 기 개 수
⑩ 사 유			

위「주류 면허 등에 관한 법률」제28조에 따라 용기의 검정을 받고자 신청합니다.

년   월   일

신 청 인 :   (서명 또는 인)

세무서장 귀하

2000. 7. . 개정   210mm×297mm(신문용지 54g/㎡)

부록 13. 식품 · 식품첨가물 품목제조보고서 (식품위생법 시행규칙 별지 제43호 서식)

■ 식품위생법 시행규칙 [별지 제43호서식] <개정 2022. 7. 28.>

식품 · 식품첨가물 품목제조보고서

※ 뒤쪽의 유의사항을 읽고 작성하여 주시기 바라며, [ ]에는 해당하는 곳에 √ 표를 합니다. (앞쪽)

보고인	성명		생년월일(법인등록번호)	
	주소		전화번호	
			휴대전화	

영업소	명칭(상호)		영업등록번호	
	소재지			

제품정보	식품의 유형	요청하는 품목제조보고번호
	제품명	
	소비기한 제조일부터 일(월, 년) 품질유지기한 제조일부터 일(월, 년)	
	원재료명 또는 성분명 및 배합비율 <div align="center">뒤쪽에 기재</div>	
	용도 용법	
	보관방법 및 포장재질	
	포장방법 및 포장단위	
	성상	
	위탁생산 여부 [ ]예 [ ]아니오	
	・ 수탁 영업소의 명칭 및 소재지:	
	・ 수탁 영업소의 영업의 종류:	
	・ 위탁제조공정:	
	품목의 특성	
	・ 고열량·저영양 식품의 해당 여부 [ ]예 [ ]아니오	
	・ 영유아용으로 표시해 판매하는 식품의 해당 여부 [ ]예 [ ]아니오	
	・ 고령친화식품으로 표시해 판매하는 식품의 해당 여부 [ ]예 [ ]아니오	
	・ 살균·멸균 제품의 해당 여부 [ ]비살균 [ ]살균 [ ]멸균	

기타	

「식품위생법」 제37조제5항 및 같은 법 시행규칙 제45조제1항에 따라 식품(식품첨가물) 품목제조 사항을 보고합니다.

년   월   일

보고인
(서명 또는 인)

지방식품의약품안전청장
특별자치시장·특별자치도지사 · 시장 · 군수 · 구청장 귀하

제출서류	1. 제조방법설명서 1부 2. 「식품·의약품분야 시험·검사 등에 관한 법률」 제6조제3항제1호에 따라 식품의약품안전처장이 지정한 　식품전문 시험·검사기관 또는 같은 조 제4항 단서에 따라 총리령으로 정하는 시험·검사기관이 발급한 　식품등의 한시적 기준 및 규격 검토서 1부 3. 식품의약품안전처장이 정하여 고시한 방법에 따라 설정한 소비기한의 설정사유서 1부

210mm×297mm[백상지 80g/㎡(재활용품)]

(원재료명 또는 성분명 및 배합비율)

No.	원재료명 또는 성분명	배합비율 (%)	No.	원재료명 또는 성분명	배합비율 (%)
1			16		
2			17		
3			18		
4			19		
5			20		
6			21		
7			22		
8			23		
9			24		
10			25		
11			26		
12			27		
13			28		
14			29		
15			30		

유 의 사 항

1. 품목제조보고서는 제품생산의 개시 전이나 개시 후 7일 이내에 제출하여야 합니다.
2. 배합비율 표시는 식품공전 및 식품첨가물공전에 사용기준이 정하여져 있는 원재료 또는 성분의 경우만 해당합니다.
3. 영업자는 요청하는 품목제조보고번호가 이미 부여된 품목제조보고번호와 중복되는지를 관할 특별자치시장·특별자치도지사· 시장·군수·구청장에게 확인하여야 합니다.

부록 14. 식품영업등록신청서 (식품위생법 시행규칙 별지 제41호의2 서식)

[별지 제41호의2서식] <개정 2021. 12. 30.>

식품(   )영업등록신청서

접수번호		접수일자		발급일자		처리기간	3일

신청인	성명		주민등록번호	
	주소		전화번호	

신청사항	명칭(상호)	영업의 종류
	소재지	전화번호
	영업장 면적	m²
	식품용수의 종류 [ ] 수돗물 [ ] 먹는샘물 [ ] 먹는염지하수 [ ] 지하수(먹는샘물 및 먹는염지하수는 제외합니다) [ ] 먹는해양심층수 [ ] 그 밖의 먹는물 * 식품용수를 2개 이상 사용하는 경우에는 중복 표기가 가능합니다. 공유주방을 사용하는 영업의 종류 ※ 공유주방을 사용하는 영업의 종류는 「식품위생법 시행령」 제21조제9호의 공유주방 운영업자만 적습니다. 공유주방의 사용 여부 [ ] 해당 [ ] 미해당	

「식품위생법」 제37조제5항 및 같은 법 시행규칙 제43조의2제1항에 따라 위와 같이 영업등록을 신청합니다.

년   월   일

신청인 (서명 또는 인)

지방식품의약품안전청장
특별자치시장·특별자치도지사·시장·군수·구청장 귀하

신청인 제출서류	1. 공통서류 가. 「식품위생법」 제41조제2항에 따라 미리 교육을 받은 경우: 교육이수증 나. 수돗물이 아닌 지하수 등을 먹는 물 또는 식품등의 제조과정에 사용하는 경우: 「먹는물관리법」에 따른 먹는 물 수질검사기관이 발행한 수질검사(시험)성적서 2. 「식품위생법 시행령」 제21조제1호의 식품제조·가공업 및 같은 조 제3호의 식품첨가물제조업을 하려는 경우 가. 제조·가공하려는 식품 또는 식품첨가물의 종류 및 제조방법 설명서 나. 공유주방 소재지, 면적 등이 기재된 공유주방 사용계약에 관한 서류(「식품위생법 시행령」 제21조제9호의 공유주방 운영업자의 공유주방을 사용하는 경우만 해당한다) 3. 「식품위생법 시행령」 제21조제9호의 공유주방 운영업을 하려는 경우 가. 제55조제1항에 따른 위생관리책임자 선임신고서 나. 「식품위생법」 제44조의2 및 영 제30조에 따른 책임보험에 가입하였음을 증명하는 서류	수수료 2만8천원 (수입인지 또는 수입증지)
담당 공무원 확인사항	1. 토지이용계획확인서 2. 건축물대장 또는 「건축법」 제22조제3항제2호에 따른 건축물의 임시사용 승인서 3. 「다중이용업소의 안전관리에 관한 특별법」 제9조제5항에 따라 소방본부장 또는 소방서장이 발급하는 안전시설등 완비증명서(「다중이용업소의 안전관리에 관한 특별법 시행령」 제2조제1의2에 따른 영업을 하려는 경우만 해당합니다) 4. 건강진단결과서(「식품위생법 시행규칙」 제49조에 따른 건강진단대상자만 해당합니다)	

행정정보 공동이용 동의서

본인은 이 건 업무처리와 관련하여 담당 공무원이 「전자정부법」 제36조에 따른 행정정보의 공동이용을 통하여 위의 담당 공무원 확인 사항을 확인하는 것에 동의합니다. * 동의하지 않는 경우에는 신청인이 직접 관련 서류를 제출해야 합니다.

신청인 (서명 또는 인)

유의사항

1. 영업등록을 하려는 자는 「식품위생법 시행규칙」 제43조의2에서 정한 사항 외에 해당 영업등록과 관련된 다음 법령에 위반되거나 저축되는지 여부를 검토하여야 합니다.
   - 「국토의 계획 및 이용에 관한 법률」, 「하수도법」, 「농지법」, 「학교보건법」, 「옥외광고물 등의 관리와 옥외광고산업 진흥에 관한 법률」, 「하천법」, 「한강수계 상수원수질개선 및 주민지원 등에 관한 법률」, 「물환경보전법」, 「소음·진동관리법」, 「관광진흥법」, 「학원의 설립·운영 및 과외교습에 관한 법률」, 「청소년 보호법」, 「근로기준법」, 「산업집적활성화 및 공장설립에 관한 법률」, 「주차장법」, 「지방세법」 등 그 밖의 관련 법령
2. 등록한 영업을 폐업하는 때에는 영업의 폐업신고를 해야 합니다.

처 리 절 차

신청서 작성	→	접 수	→	검 토	→	현장실사 및 시설조사	→	결 재	→	등록증 발급
신청인		처리기관 : 지방식품의약품안전청, 특별자치시·특별자치도·시·군·구(식품영업허가 담당부서)								

210mm×297mm[일반용지 70g/ m²(재활용품)]

부록 15. 주류 자가품질검사를 위한 분석·감정 의뢰서

<table>
<tr><td colspan="5" align="center">**분석·감정 의뢰서**</td></tr>
<tr><td rowspan="2">의뢰자</td><td>① 성　　명</td><td></td><td>②연락처</td><td></td></tr>
<tr><td>③ 주　　소</td><td colspan="3">*주류제조면허장소 기재*</td></tr>
<tr><td rowspan="2">제조자</td><td>④업체명(대표자)</td><td></td><td>⑤연락처</td><td></td></tr>
<tr><td>⑥ 주　　소</td><td colspan="3">*주류제조면허장소 기재*</td></tr>
<tr><td colspan="2">⑦ 채　취　장　소</td><td colspan="3">*제조장 또는 판매장소 기재 (제조연월일)*</td></tr>
<tr><td colspan="2">⑧ 공　시　품　명</td><td colspan="3">*제품의 상표명 기재*　　　　(**수　량**) *(예: 500ml × 3병)*</td></tr>
<tr><td colspan="2">⑨ 의　뢰　항　목</td><td colspan="3">*메탄올 등 필요한 검사항목 기재*</td></tr>
<tr><td colspan="2">⑩ 의　뢰　목　적</td><td colspan="3">[ ] 수출 및 납품용　[√] 자가품질검사용　[ ] 자가참고용</td></tr>
<tr><td colspan="2">⑪ 제조방법 및 참고사항</td><td colspan="3"></td></tr>
<tr><td colspan="2">⑫ 분석·감정서 등 소요부수</td><td colspan="2">분석·감정서 등　　　부</td><td>영문감정서　　　부</td></tr>
<tr><td colspan="2">⑬ 분석·감정서 등 수령방법</td><td colspan="3">[ ] 우편　　　　　　[ ] 직접수령</td></tr>
<tr><td colspan="5">
「국세청주류면허지원센터 시설사용규칙」 제2조제1항에 따라 위와 같이 분석·감정 등을 의뢰함과 동시에 분석·감정서 등의 교부를 신청합니다.

년　　월　　일

의뢰자　　　　　　　　(인)

국세청주류면허지원센터장 귀하
</td></tr>
<tr><td colspan="5">
구비물품 : 1. 공시품

　　　　 2. 기타 분석·감정에 필요한 자료
</td></tr>
<tr><td colspan="5">
〈기재 시 주의사항〉

1. 의뢰자 또는 제조자가 법인인 경우에는 ① · ④란에 업체명 및 대표자 성명을 기재합니다.

2. 영문감정서를 신청할 경우에는 ④ · ⑧란의 업체명 및 공시품명을 영문으로도 기재합니다.
</td></tr>
</table>

부록 16. 주류견본채취표 (주세사무처리규정 별지 제30호 서식)

【주세사무처리규정 별지 제30호 서식】

주 류 견 본 채 취 표

근거 : 「주류 면허 등에 관한 법률」 제33조

1. 채취번호 :   No.
2. 채취일자 :   .   .   .
3. 채취장소 :

4. 채취주류
  · 종 별 :
  · 품 명 :
  · 규 격 :   %
  · 수 량 :   ㎖
5. 채취자 :
6. 참여인 :

【주세사무처리규정 별지 제30호 서식】

주 류 견 본 채 취 표

근거 : 「주류 면허 등에 관한 법률」 제33조

1. 채취번호 :   No.
2. 채취일자 :   .   .   .
3. 채취장소 :

4. 채취주류
  · 종 별 :
  · 품 명 :
  · 규 격 :   %
  · 수 량 :   ㎖
5. 채취자 :
6. 참여인 :

【주세사무처리규정 별지 제30호 서식】

주 류 견 본 채 취 표

근거 : 「주류 면허 등에 관한 법률」 제33조

1. 채취번호 :   No.
2. 채취일자 :   .   .   .
3. 채취장소 :

4. 채취주류
  · 종 별 :
  · 품 명 :
  · 규 격 :   %
  · 수 량 :   ㎖
5. 채취자 :
6. 참여인 :

【주세사무처리규정 별지 제30호 서식】

주 류 견 본 채 취 표

근거 : 「주류 면허 등에 관한 법률」 제33조

1. 채취번호 :   No.
2. 채취일자 :   .   .   .
3. 채취장소 :

4. 채취주류
  · 종 별 :
  · 품 명 :
  · 규 격 :   %
  · 수 량 :   ㎖
5. 채취자 :
6. 참여인 :

부록 17. 술 품질인증 신청서 (전통주 등 산업진흥에 관한 법률 시행규칙 별지 제7호 서식)

품질인증
[ ] **신청서**
[ ] **유효기간 연장신청서**

(앞쪽)

접수번호	접수일	발급 · 열람 일시	처리기간 45일

신청인	① 성명(대표자)	
	② 상호(법인명)	③ 사업자등록번호 (생년월일)
	④ 면허 유형	⑤ 전화번호
	⑥ 주소(본점)	
	⑦ 제조장 주소	
신청제품	⑧ 대상 주종(대상 품목)	⑨ 품명(상표명)
	⑩ 제조방법 기호	⑪ 제조방법 승인일
	⑫ 원료	
	⑬ 제품생산 개시일	⑭ 연간 생산능력

　「전통주 등의 산업진흥에 관한 법률」 제22조 및 같은 법 시행령 제7조제1항(제8조의2제1항)에 따라 술의 품질인증(품질인증의 유효기간 연장)을 신청합니다.

년　　　월　　　일

신청인　　　　　　　　　　　(서명 또는 인)

품질인증기관의 장 귀하

210㎜×297㎜[백상지 80g/㎡(재활용품)]

부록 18. 소비기한 설정사유서 (식품, 식품첨가물, 축산물 및 건강기능식품의 소비기한
　　　　　설정기준 별지3호 서식)

[별지 제3호 서식]

소비기한 설정사유서	
제　품　명	
식품의 유형 (식품첨가물 품목명)	
보존 및 유통 방법	실온(　) / 상온(　) / 냉장(　) / 냉동(　) /기타(　)
유　통　기　한	
실험수행기관종류	자사(　) / 의뢰(　) / 생략(　)
실 험 수 행 기 관 명	
소비기한 설정근거	

상기와 같이 소비기한 설정사유서를 제출합니다.

첨부 : 별지 제2호 서식의 소비기한 설정실험 결과보고서

　　　　　　　　　　　년　　　월　　　일

　　　　　　　　　　　　　　　　　제출인 :　　　　　　(인)

210㎜×297㎜[일반용지 60g/㎡(재활용품)]

부록 19. 식품·식품첨가물 생산실적 보고 (식품위생법 시행규칙 별지 제50호 서식)

식품·식품첨가물 생산실적 보고(년도)

보고자	업체명(상호)		대표자	
	소재지		연락처	
	영업의 종류		영업허가(신고)번호	
	영업허가(신고) 연월일		영업허가(신고) 관청명	

종업원 수	계	사무직	기술직	노무직	기타

	제품명	식품의 유형	연간 생산 능력 (Kg, ℓ)	생산량 (Kg, ℓ)	생산액 (천원)	국내 판매		국외 판매		비고
						수량 (Kg, ℓ)	금액 (천원)	수량 (Kg, ℓ)	금액 (천원)	
식품제조 품목별 생산실적										

「식품위생법」 제42조제2항 및 같은 법 시행규칙 제56조에 따라 식품·식품첨가물
생산실적을 보고합니다.

년   월   일

보고인   (서명 또는 인)

지방식품의약품안전청장   귀하
특별자치시장 · 특별자치도지사 · 시장 · 군수 · 구청장

부록 20. 주류제조면허 추천신청서 (전통주 등의 산업진흥에 관한 법률 별지 제1호 서식)

[별지 제1호서식] <개정 2014.2.7>

주류제조면허 추천신청서

(앞 쪽)

접수번호		접수일		발급·열람 일시		처리기간	30일
신청인	업체명(단체명)			추천 주류		추천대상자 유형	
	대표자			생년월일 (법인등록번호)			
	주소					전화번호	

사업계획	주류의 종류(품목)						
	연간 제조 예정 수량	㎘		㎘		㎘	㎘
	제조장 위치						
	시설 규모	부지	㎡	건물	㎡	자금소요액	백만원

「전통주 등의 산업진흥에 관한 법률」 제8조 및 같은 법 시행규칙 제4조제1항에 따라 주류제조면허의 추천을 신청합니다.

년 월 일

신청인

(서명 또는 인)

특별자치시장·특별자치도지사·시장·군수·구청장 귀하

210mm×297mm[일반용지 60g/㎡(재활용품)]

부록 21. 주류제조면허 추천서 (전통주 등의 산업진흥에 관한 법률 별지 제2호 서식)

[별지 제2호서식] <개정 2014.2.7>

주류제조면허 추천서

접수번호		접수일	발급·열람 일시		유효기간	추천일부터 6개월
업체명(단체명)			추천 주류		추천대상자 유형	
대표자			생년월일 (법인등록번호)			
주소					전화번호	

사업계획	주류 종류(품목)				
	연간 제조 예정 수량	㎘	㎘	㎘	㎘
	제조장 위치				
	시설 규모	부지	㎡ 건물	㎡ 자금소요액	백만원

「전통주 등의 산업진흥에 관한 법률」 제8조 및 같은 법 시행규칙 제4조제3항에 따라 주류제조면허를 추천합니다.

년   월   일

특별시장·광역시장·특별자치시장·도지사·특별자치도지사 (직인)

국세청장 귀하

210㎜×297㎜[일반용지 60g/㎡(재활용품)]

부록 22. (제조장, 판매장) 이전 (신고서, 허가신청서) (주류면허법 시행규칙 별지 제7호 서식)

■ 주류 면허 등에 관한 법률 시행규칙 [별지 제7호서식] <개정 2022. 3. 18.>　　　홈택스(www.hometax.go.kr)에서도
　　　　　　　　　　　　　　　　　　　　　　　　　　　　　　　　　　　　　　신청할 수 있습니다.

[ ] 제조장　이전　[ ] 신고서
[ ] 판매장　　　　[ ] 허가 신청서

※ 바탕색이 어두운 칸은 신고인(신청인)이 작성하지 않으며, [ ]에는 해당되는 곳에 √ 표시를 합니다.

접수번호		접수일	발급일	처리기간	20일 (소매업 7일)

신고인 (신청인)	성 명 (대표자)		사업자등록번호	
	상 호 (법인명)			
	주 소 (본점 소재지)			
	제조장(판매장) 소재지			

신 고 (신 청) 내 용

이전 전	이전 후
소재지	소재지
상호(법인명)	상호(법인명)
면허 연월일	
면허번호	
제조(판매)할 주류의 종류와 규격	
제조방법	
제조의 목적	
매 주조연도 제조 예정수량	
창고면적	
이전사유	
이전 예정일	

「주류 면허 등에 관한 법률」 제8조제1항 및 같은 법 시행령 제10조제1항·제4항에 따라 위와 같이 신고
(신청)합니다.

　　　　　　　　　　　　　　　　　　　　　　　　　　　　　년　　　　월　　　　일

　　　　　　　　　　　　　신고인(신청인)　　　　　　　　　　　　　(서명 또는 인)

세 무 서 장　귀하

첨부서류	1. 제조장 이전신고 시 제출서류 　가. 면허증 　나. 제조시설·설비 등 설명서 및 용량표 　다. 제조공정도 및 제조방법 설명서 　라. 임대차계약서 사본(제조장을 임차하는 경우만 해당합니다) 　마. 정관, 주주총회 또는 이사회 회의록(법인인 경우만 해당합니다) 　바. 동업계약서 사본(공동사업인 경우만 해당합니다) 2. 판매장 이전신고 또는 이전허가 신청 시 제출서류 　가. 면허증 　나. 임대차계약서 사본(판매장을 임차하는 경우만 해당합니다)	수수료 없 음

210mm×297mm[백상지(80g/㎡) 또는 중질지(80g/㎡)]

【주세사무처리규정 별지 제49호 서식】

임원 변경(신고서 · 승인신청서 · 승인서)

근거 : 「주류 면허 등에 관한 법률 시행령」 제24조

신고인	① 상 호(법인명)		② 사업자등록번호	
	③ 성 명(대표자)		④ 전 화 번 호	
	⑤ 주 소(사업장)			

신 고 내 용							
⑥ 임원변경등기일							
⑦ 임 원 변 경 사 유							

변 경 전			변 경 후			
임 원 명	직 위	주민등록번호	변경연월일	임 원 명	직 위	주민등록번호

　「주류 면허 등에 관한 법률 시행령」 제24조 및 「주세사무처리규정」 제19조에 따라 위와 같이 신고(승인신청) 합니다.

　첨부서류 : 별첨

　　　　　　　　　　　　　　　　　　　　　년　　월　　일

　　　　신청인(신고인)　　　　　　　　(서명 또는 인)

　　　　　　　세 무 서 장 귀하

승인 제　　　호

　위 신청사항을 승인함

　　　　　　　　　　　　　　　　　　　　년　　월　　일

　　　　　　세 무 서 장　　　　　　(인)

　　　　귀하

※ 「개인정보보호법」 제24조에 따른 수집.이용 동의
　○ 수집.이용 목적　　　　　　　(임원변경사항 확인)
　○ 수집 대상 개인정보　　　　　(주민등록번호)
　○ 보유.이용기간　　　　　　　(영구)
　○ 동의를 거부할 권리가 있으며, 거부시 불이익(임원변경 미승인으로 인한 처벌)이 있을 수 있음
　☞ 상기 내용에 대해　　□ 동의　　　□ 동의하지 않음

210mm×297mm(신문용지 54g/㎡)

부록 24. 주류 실수요자 증명신청서 (주세사무처리규정 제61호 서식)

【주세사무처리규정 제61호 서식】

<table>
<tr><td colspan="5" rowspan="2" align="center">주류 실수요자 증명신청서</td><td align="center">처리기간</td></tr>
<tr><td align="center">3일</td></tr>
<tr><td rowspan="2" align="center">신
청
인</td><td>① 성　　　명(대표자)</td><td></td><td colspan="2">② 상　　호(법인명)</td><td></td></tr>
<tr><td>③ 사업자등록번호
　(주민등록번호)</td><td></td><td colspan="2">④ 소　　재　　지</td><td></td></tr>
<tr><td rowspan="2" align="center">구
입
처</td><td>⑤ 성　　　명(대표자)</td><td></td><td colspan="2">⑥ 상　　호(법인명)</td><td></td></tr>
<tr><td>⑦ 사업자등록번호</td><td></td><td colspan="2">⑧ 사　　업　　장</td><td></td></tr>
<tr><td colspan="6" align="center">신　　　청　　　내　　　용</td></tr>
<tr><td align="center">주　종</td><td align="center">용　량</td><td align="center">수　량</td><td align="center">공급가액</td><td align="center">부가세</td><td align="center">구입사유(증빙첨부)　　비　고</td></tr>
<tr><td></td><td></td><td></td><td></td><td></td><td></td></tr>
<tr><td></td><td></td><td></td><td></td><td></td><td></td></tr>
<tr><td></td><td></td><td></td><td></td><td></td><td></td></tr>
<tr><td colspan="6">
　　　　주세사무처리규정 제69조 및 제70조의 규정에 의하여 주류 실수요자 증명을 신청합니다.

　　　　　　　　　　　　　　　　　　　　　　　　　　년　　　월　　　일

　　　　　　　신　고　인 :　　　　　　　(서명 또는 날인)

　　　　　　세무서장 귀하
</td></tr>
<tr><td colspan="6">
제　　　　호

　　위 신청내용과 같이 주류 실수요자임을 증명합니다.

　　　　　　　　　　　　　　　　　　　　　　　　　년　　　월　　　일

　　　　　　　　　세무서장　　　　　　　(인)

　　귀하
</td></tr>
<tr><td colspan="6">
※ 개인정보보호법 제24조에 따른 수집·이용 동의
　○ 수집·이용 목적　　　　　(실수요자 확인)
　○ 수집 대상 개인정보　　　(주민등록번호)
　○ 보유·이용기간　　　　　(영구)
　○ 동의를 거부할 권리가 있으며, 거부시 불이익(증명발급 제한)이 있을 수 있음
☞ 상기 내용에 대해　□동의　　□동의하지 않음
</td></tr>
</table>

210㎜×297㎜(신문용지 54g/㎡)

부록 25. 주정 실수요자 증명신청서(면세용) (주세사무처리규정 제42호 서식)

【주세사무처리규정 제42호 서식】

<table>
<tr><td colspan="5" rowspan="2">주정 실수요자 증명신청서(면세용)</td><td>처리기간</td></tr>
<tr><td>3일</td></tr>
</table>

신청인	① 사업자등록번호		② 상 호 (법인명)	
	③ 성 명 (대표자)		④ 제 조 장	
구입처	⑤ 사업자등록번호		⑥ 상 호 (법인명)	
	⑦ 성 명 (대표자)		⑧ 사업장 (제조장)	

주 정

⑨ 면세구분	⑩ 알콜분 (%)	⑪ 수량 (ℓ)	⑫ 가격	⑬ 주세면제 상당액	⑭ 사용기간	⑮ 사용목적	⑯ 반입예정일자	⑰ 변성방법	⑱ 변성장소
					~				
					~				
					~				

주세법시행령 제36조 제3항에 따라 실수요자 증명을 신청합니다.

년 월 일

신 고 인 : (서명 또는 인)

세 무 서 장 귀 하

제 호

위 신청내용과 같이 주정 실수요자임을 증명합니다.

년 월 일

세 무 서 장 ⑪

귀 하

210㎜×297㎜(신문용지 54g/㎡)

부록 26. 주류통신판매 승인(신청)서 (주세사무처리규정 제40호 서식)

【주세사무처리규정 별지 제40호 서식】 (2017. 6. 30. 개정)

전통주 통신판매 승인(신청)서		처리기간
		7일

근거 : 「주세사무처리규정」 제74조

<table>
<tr><td rowspan="4">신
청
인</td><td colspan="2">① 성   명</td><td></td><td colspan="2">② 사 업 자 등 록 번 호</td><td></td></tr>
<tr><td colspan="2">③ 상   호</td><td></td><td colspan="3"></td></tr>
<tr><td colspan="2">④ 면 허 번 호</td><td></td><td colspan="2">⑤ 면 허 구 분</td><td></td></tr>
<tr><td colspan="2">⑥ 제 조 장 위 치</td><td colspan="4"></td></tr>
</table>

신 청 내 용

⑥ 통신판매 수단 (복수 신청 가능)	☐ 우체국을 방문하여 주문하는 방식 ☐ 전통주 제조자의 홈페이지 ☐ 조달청 나라장터 종합쇼핑몰(http://shopping.g2b.go.kr) ☐ 한국무역협회의 kmall24(https://www.kmall24.com) ☐ 전통주 제조자 협회 또는 지자체의 인터넷 홈페이지 연결 판매 ☐ 전자상거래 사업자의 사이버몰인 인터넷 홈페이지

상호	사업자등록번호	홈페이지 주소	통신판매업신고번호

⑦ 전통주 제조자의 홈페이지 주소	

※ 웹호스팅 업체 인적사항(신청인이 웹호스팅 업체를 이용하여 홈페이지를 운영하는 경우 작성)

⑧ 상 호		⑨ 사업자등록번호	

「주세사무처리규정」 제74조에 따라 주류(전통주에 한함) 통신판매를 신청하오니 승인하여 주시기 바랍니다.

년   월   일

신청인 :   (인)

세무서장 귀하

제   호

위 신청내용과 같이 주류 통신판매를 승인합니다.

년   월   일

세무서장   (인)

귀하

210㎜×297㎜(신문용지 54g/㎡)

참고문헌

1. 주세법, 주세법 시행령, 주세법 시행규칙, 주류 관련 고시 18개

2. 주세사무처리규정(국세청훈령 제2443호)

3. 주류제조·가공업 영업등록 관련 업무 지침서, 2018. 11. 14., 식품의약품안전처 식품안전정책국 주류안전정책과

4. 주류제조자를 위한 가이드북, 2022. 6. 국세청주류면허지원센터

5. 2019 상반기 소규모주류 기술지원 세미나, 2019. 6. 5., 식품의약품안전처

6. 전라남도 보건환경연구원, 주류 안전관리 업무 이관 관련 Q&A, 2010. 6. 29.

7. 「주류 면허 관리 등에 관한 법률」 2022. 1. 6.

8. 「주세법」 2021. 12. 21.

9. 주류 규제개선방안, 기획재정부·국세청, 2020. 5. 19.